路面性能数据分析

董 侨　陈雪琴　(美)黄宝山　著

东南大学出版社
SOUTHEAST UNIVERSITY PRESS
·南京·

内容简介

本书介绍数据分析方法在公路路面性能评价中的应用,梳理路面性能评价指标及预测模型的历史与发展,介绍美国长期路面性能项目数据库概况,讨论利用置信区间估计、线性回归方法、逻辑回归模型、零膨胀模型、生存分析、分类回归树、支持向量机、结构方程模型、马尔可夫链、蒙特卡洛采样、增量模型等数据分析方法研究解决路面抽检样本量、路面性能评估、路面性能变化、路面养护效益、路面最佳养护时机等实际工程问题。

本书可作为道路工程及交通基础设施相关专业的研究生,以及从事道路工程及交通基础设施运维管理方向的工程技术和养护管理人员的参考书目。

图书在版编目(CIP)数据

路面性能数据分析 / 董侨,陈雪琴,(美)黄宝山著.
—南京:东南大学出版社,2020.2
  ISBN 978-7-5641-8853-5

  Ⅰ.①路… Ⅱ.①董… ②陈… ③黄… Ⅲ.①路面性状-数据处理-研究 Ⅳ.①U416.01

中国版本图书馆 CIP 数据核字(2020)第 034909 号

路面性能数据分析　Lumian Xingneng Shuju Fenxi

著　　者	董　侨　陈雪琴　(美)黄宝山
责任编辑	宋华莉
编辑邮箱	52145104@qq.com
出版发行	东南大学出版社
出 版 人	江建中
社　　址	南京市四牌楼 2 号(邮编:210096)
网　　址	http://www.seupress.com
电子邮箱	press@seupress.com
印　　刷	南京玉河印刷厂
开　　本	700 mm×1 000 mm　1/16
印　　张	11.25
字　　数	164 千字
版 印 次	2020 年 2 月第 1 版第 1 次印刷
书　　号	ISBN 978-7-5641-8853-5
定　　价	48.00 元
经　　销	全国各地新华书店
发行热线	025-83790519　83791830

(本社图书若有印装质量问题,请直接与营销部联系,电话:025-83791830)

前言

我国自20世纪90年代开始大规模建设高速公路,截至2019年末,全国高速公路通车总里程达15万公里,公路通车总里程达500万公里,取得了瞩目的成就,对社会经济发展起到了重要的作用。随着公路网不断完善,道路工程的工作重点也逐渐由"以建为主",进入"建养并重"阶段,并最终向"以养为主"阶段发展,道路养护管理变得愈发重要。路面性能的精准评价与深度分析是养护决策的重要依据。路面性能变化受到时间、交通量、轴载、结构、材料、气候、养护行为等各种因素的影响。如何深入挖掘路面性能历史数据,从而有的放矢地指导路面养护,保证道路服役水平,提高养护效益,是当前道路养护需要解决的一个重要问题。

数据分析是通过对数据进行汇集、处理、建模发现有用信息、支持决策的过程。数据分析包含两个要素:一是汇集相互关联的代表不同信息的大量数据;二是针对不同分析目标及数据特征的建模分析方法。一方面,路面性能受到时间、交通量、材料、环境、结构等影响,汇集的路面性能相关数据蕴含着大量信息。另一方面,路面性能数据同样具有复杂的类型与分布,需要有针对性地采用数据分析方法。例如性能指标的连续变化、指标与阈值比较的分类结果、观测窗口期的限制、性能等级的离散状态、路面性能隐变量的推测等。实际上,由于路面性能数据的高度非线性变化特征以及较大的变异性,大部分的路面病害数据难以用简单回归方程来描述,大大提高了路面性能数据分析的难度,也给不同类型的数据分析方法提供了用武之地。

本书介绍了针对实际工程问题的路面性能数据分析方法及案例。第 1 章介绍路面性能评价指标及预测模型的历史及发展。第 2 章结合美国长期路面性能项目(Long Term Pavement Performance,LTPP)数据库介绍路面性能数据的类型及获取。第 3 章介绍路面质量抽检的样本量与置信区间问题。第 4 章介绍线性回归分析方法及其在路面养护效果影响因素评估中的应用。第 5 章介绍基于逻辑回归分析的路面坑洞修补措施耐久性研究。第 6 章介绍针对路面病害数据中大量零值的零膨胀二项模型。第 7 章介绍基于参数生存分析的路面失效概率研究。第 8 章介绍基于分类回归树的养护施工环境及工艺影响因素数据挖掘方法分析。第 9 章介绍支持向量机机器学习分类算法在路面平整度预测中的应用。第 10 章介绍基于结构方程模型的路面综合性能指标计算。第 11 章介绍基于马尔可夫链的路面性能衰变模型。第 12 章介绍基于马尔可夫蒙特卡洛采样的路面性能衰变转移矩阵的计算。第 13 章介绍路面性能数据驱动的最佳预防性养护时机计算方法。

以数据挖掘、机器学习和人工智能为代表的数据科学,已在计算机、经济、生物、工程等各种领域不断发挥出重要的作用。对于路面性能分析中的疑难问题,数据科学既是一道潜在的良方,也面临着很多挑战。本书旨在抛砖引玉,总结数据分析方法在路面性能分析中的应用,梳理典型数据分析问题场景与解决方案。书中有关路面性能数据的提取解读,得到了美国长期路面性能项目组人员及田纳西州交通部工程师的帮助,研究工作得到了美国田纳西大学土木与环境工程系、统计系及交通研究中心教授、同学与同事的协助,对此本书作者表示感谢。

著 者
2020 年 1 月

目 录

1 路面性能评价与预测 ·· 1
 1.1 路面性能评价 ·· 1
 1.2 路面性能模型 ·· 7
 参考文献 ·· 15

2 美国路面长期性能数据库 ······································ 21
 2.1 长期路面性能项目 ·· 21
 2.2 数据采集方法 ·· 22
 2.3 沥青路面性能数据 ·· 24
 2.4 沥青路面性能影响因素 ···································· 29
 2.5 路面性能数据预处理 ······································ 30
 2.6 LTPP 早期研究 ·· 32
 参考文献 ·· 33

3 基于置信区间估计的路面抽检样本量分析 ······················ 35
 3.1 背景 ·· 35
 3.2 样本量与置信区间关系 ···································· 36
 3.3 结果与讨论 ·· 37

参考文献 ………………………………………………… 40

4　路面养护效果影响因素线性回归分析 ……………………… 42
　　4.1　背景与数据 …………………………………………… 42
　　4.2　线性回归方法 ………………………………………… 46
　　4.3　结果与讨论 …………………………………………… 49
　　参考文献 ………………………………………………… 53

5　路面坑洞修补耐久性逻辑回归分析 ………………………… 55
　　5.1　背景与数据 …………………………………………… 55
　　5.2　逻辑回归模型 ………………………………………… 57
　　5.3　结果与讨论 …………………………………………… 58
　　参考文献 ………………………………………………… 60

6　路面裂缝产生及扩展零膨胀模型 …………………………… 61
　　6.1　背景与数据 …………………………………………… 61
　　6.2　零膨胀模型 …………………………………………… 62
　　6.3　结果与讨论 …………………………………………… 64
　　参考文献 ………………………………………………… 67

7　基于生存分析的路面失效概率 ……………………………… 68
　　7.1　背景与数据 …………………………………………… 68
　　7.2　生存分析 ……………………………………………… 71
　　7.3　结果与讨论 …………………………………………… 73
　　参考文献 ………………………………………………… 77

8　路面养护施工工艺分类回归树数据挖掘 …………………… 80
　　8.1　背景与数据 …………………………………………… 80

	8.2 分类回归树	84
	8.3 结果与讨论	86
参考文献		93

9 基于支持向量机的路面平整度分类预测 ... 97

    9.1 背景与数据 ... 97
    9.2 支持向量机 ... 98
    9.3 KNN 算法的结合 ... 102
    9.4 结果与讨论 ... 103
    9.5 几种分类方法的比较 ... 106
    参考文献 ... 107

10 基于结构方程模型的路面综合性能指标计算 ... 108

    10.1 背景与数据 ... 108
    10.2 结构方程模型 ... 111
    10.3 隐变量显式推导 ... 117
    10.4 结果与讨论 ... 118
    参考文献 ... 124

11 路面性能衰变马尔可夫链模型 ... 128

    11.1 背景 ... 128
    11.2 马尔可夫过链 ... 129
    11.3 路面性能转移概率矩阵求解 ... 131
    11.4 有序概率模型 ... 134
    11.5 结果与讨论 ... 136
    参考文献 ... 139

12 基于蒙特卡洛采样的路面性能转移概率矩阵求解 ······ 141
12.1 背景 ······ 141
12.2 贝叶斯分析 ······ 142
12.3 蒙特卡洛方法 ······ 143
12.4 马尔可夫蒙特卡洛方法 ······ 144
12.5 结果与讨论 ······ 146
参考文献 ······ 150

13 数据驱动的最佳预防性养护时机分析 ······ 151
13.1 养护效益和成本效益 ······ 151
13.2 养护后性能模型 ······ 156
13.3 优化的养护时机 ······ 158
13.4 结果与讨论 ······ 158
参考文献 ······ 167

后记 ······ 169

1 路面性能评价与预测

1.1 路面性能评价

1.1.1 路面性能评价指标发展

路面性能准确评价及跟踪观测是研究路面衰变行为、指导路面养护的基础。20 世纪 50 年代,美国州公路工作者协会(American Association of State Highways Officials,AASHO)对位于美国伊利诺伊州、明尼苏达州和印第安纳州的 138 个路段进行调查,组织专业人员以及其他行业的人士组成评分小组对这些路段进行乘车体验,并根据个人主观感受进行打分,从而得到这些路段的服役性能等级 PSR(Pavement Serviceability Rating)。PSR 分为 5 个等级,取值范围是 1—5,其中 1 表示最差的状态,5 表示最好的状态。由于 PSR 打分过于主观,后来提出了路面服务性能指数 PSI(Pavement Serviceability Index)。如式(1.1),PSI 由平整度、车辙深度、裂缝(长度)及修补面积计算得到[1-2]。研究者认为车辙对 PSI 的影响较大,裂缝长度和修补面积的影响较小。

$$PSI = 5.03 - 1.9\log(1+SV) - 0.01\sqrt{C+P} - 1.38RD^2 \quad (1.1)$$

式中,SV——路面坡度方差,即平整度;

RD——车辙深度均值(in);

C——每 1 000 ft² 面积内线性裂缝长度(ft)①;

---

① 1 in=2.54 cm;1 mi=1 609.344 m;1 ft²=0.092 903 m²。

P——第 1 000 ft² 面积内修补的面积(ft²)。

此后,多位学者[3-4]对 PSI 公式中的参数进行了修正。其中,Liu 等人[4]结合了外界刺激下人的响应研究对 PSI 的表达式进行了修正,从而能更准确地反映路面的性能。

除了表征路面服务性能的 PSI 外,针对路面病害情况,美国陆军工程兵团(U. S. Army Corps of Engineers,USACE)提出了道路状态指标(Pavement Condition Index,PCI),根据不同病害的类型与严重程度采用扣分法计算得到[5],如式(1.2)所示:

$$PCI = 100 - CDV \qquad (1.2)$$

其中,CDV(Corrected Deduct Value)是修正扣分值,可根据每种类型每个严重程度的病害的扣分值 DV(Deduct Value)来计算。而每种类型每个严重程度的病害的扣分值,即该类型该严重程度的病害的权重系数,是根据专家意见或者工程经验确定。随后,参考 PSI 与 PCI 的计算方法,学术界与工业界提出了各种病害指标,如得克萨斯州的 DS(Distress Score)和 CS(Condition Score),俄亥俄州的 PCR(Pavement Condition Rating),俄勒冈州的 OI(Overall Index),南达科他州的 SCI(Surface Condition Index),以及宾夕法尼亚州的 OPI(Overall Pavement Index)等[6]。

在这些指标中,很多重要的系数通过专家调查的方法确定[7-12]。例如 Juang 等人提出了统一的路面病害指数(Unified Pavement Distress Index,UPDI),通过调查很多州交通部的意见给六种病害排序并且确定其权重[9]。Eldin 等通过裂缝和车辙计算了路面状态等级,其中,病害的系数代表了病害种类和严重程度的相对重要性,通过公路工程师和养护人员的经验判断得到[7]。在具体的系数或权重确定的方法方面,由于模糊综合评价方法可以考虑语言或者模糊数据,因此也被广泛地应用[9-10,13-16]。除以上这些指标外,Zhang 等提出了结构状态指标(Structural Condition Index,SCI)[17]。Park 建立了 PCI 与路面平整度之间的幂函数回归模型,并指出平整度的变异能够解释 PCI 大部分的变异性[18]。

1.1.2 我国路面性能评价指标

根据现有路面检测手段,参考国际路面性能指标体系,我国《公路技术状况评定标准》(JTG 5210—2018)中确定了 7 个路面单项性能指数和一个路面综合性能指数。其中,PBI 和 PWI 两项指标为 2018 版评定标准的新增项目,各性能指数具体计算方法如下。

(1) 路面破损状况指数 PCI

路面破损状况指数 PCI 考虑了 21 种病害,规定了不同的损坏类型、严重程度和范围的病害的扣分值,从满分扣除累计的病害扣分值后,以剩余的数值表征路面破损状况,按式(1.3)计算。

$$PCI = 100 - a_0 \times DR^{a_1} \tag{1.3}$$

$$DR = 100 \times \frac{\sum_{i=0}^{i_0} w_i A_i}{A} \tag{1.4}$$

式中,DR——沥青混凝土路面破损率,为路面各种损坏的折合损坏面积之和与调查路面面积之比,按式(1.4)计算;

A_i——沥青混凝土路面破损中,第 i 类破损(分严重程度)的调查面积(m^2),采用自动化检测设备时,A_i 应按式(1.5)计算;

A——沥青混凝土路面的实际调查面积(m^2);

w_i——沥青混凝土路面第 i 类损坏(分严重程度)的权重;

a_0——标定系数,沥青路面采用 15.00;

a_1——标定系数,沥青路面采用 0.412;

i——考虑损坏程度(轻、中、重)的第 i 项路面损坏类型;

i_0——包含损坏程度(轻、中、重)的损坏类型总数,沥青路面取 21。

采用自动化检测设备时,A_i 应按下式计算:

$$A_i = 0.01 \times GN_i \tag{1.5}$$

式中,GN_i——含有第 i 类路面损坏的网格数;

0.01——面积换算系数,一个网格的标准尺寸为 0.01 m×0.01 m。

(2) 路面车辙深度指数 RDI

路面车辙深度指数 RDI 根据车辙深度按式(1.6)计算。

$$RDI = \begin{cases} 100 - a_0 \times RD & (RD \leqslant RD_a) \\ 90 - a_1 \times (RD - RD_a) & (RD_a < RD \leqslant RD_b) \\ 0 & (RD > RD_b) \end{cases} \quad (1.6)$$

式中,RD——车辙深度(mm);

RD_a——车辙深度参数,采用 10 mm;

RD_b——车辙深度限值,采用 40 mm;

a_0——模型参数,采用 1.0;

a_1——模型参数,采用 3.0。

(3) 路面行驶质量指数 RQI

路面行驶质量指数 RQI 是关系到行车舒适性的一个重要指标,按式(1.7)计算。

$$RQI = \frac{100}{1 + a_0 \times \exp(a_1 \times IRI)} \quad (1.7)$$

式中,IRI——国际平整度指数(m/km);

a_0——标定系数,高速公路和一级公路采用 0.026;

a_1——标定系数,高速公路和一级公路采用 0.65。

(4) 路面抗滑性能指数 SRI

路面抗滑性能指数 SRI 与行车安全性直接相关,按式(1.8)计算。

$$SRI = \frac{100 - SRI_{\min}}{1 + a_0 \times \exp(a_1 \times SFC)} + SRI_{\min} \quad (1.8)$$

式中,SFC——横向力系数,按实测值计;

$SRI_{\min}$——标定参数,采用 35.0;

a_0——模型参数,采用 28.6;

a_1——模型参数,采用 -0.105。

(5) 路面跳车指数 PBI

路面跳车指数 PBI 直接关系到行车舒适性以及行车安全,按式(1.9)

计算。

$$PBI = 100 - \sum_{i=1}^{i_0} a_i PB_i \qquad (1.9)$$

式中，PB_i——第 i 类程度的路面跳车数；

　　　a_i——第 i 类程度的路面跳车单位扣分；

　　　i——路面跳车程度；

　　　i_0——路面跳车程度总数，取 3。

(6) 路面磨耗指数 PWI

路面磨耗指数 PWI 直接关系到路面的抗滑性能及安全性，按式(1.10)计算。

$$PWI = 100 - a_0 WR^{a_1} \qquad (1.10)$$

$$WR = 100 \times \frac{MPD_C - \min\{MPD_L, MPD_R\}}{MPD_C} \qquad (1.11)$$

式中，WR——路面磨耗率(%)；

　　　a_0——模型参数，采用 1.696；

　　　a_1——模型参数，采用 0.785；

　　　MPD——路面构造深度(mm)；

　　　MPD_C——路面构造深度基准值，采用无磨损的车道中线路面构造深度(mm)；

　　　MPD_L——左轮迹带的路面构造深度(mm)；

　　　MPD_R——右轮迹带的路面构造深度(mm)。

(7) 路面结构强度指数 $PSSI$

路面结构强度指数 $PSSI$ 用于评价路面结构承载力，根据路面弯沉值按式(1.12)计算。

$$PSSI = \frac{100}{1 + a_0 \times \exp(a_1 \times SSI)} \qquad (1.12)$$

$$SSI = \frac{l_0}{l} \qquad (1.13)$$

式中，SSI——路面结构强度系数；

l_0——路面弯沉标准值,取 0.01(mm);

l——路面实测代表弯沉,取 0.01(mm);

a_0——模型参数,采用 15.71;

a_1——模型参数,采用 -5.19。

(8) 路面行驶质量指数 PQI

如图 1.1 所示,我国沥青路面行驶质量指数 PQI 是根据 6 种路面性指标计算的路面综合性能指数,通过加权求和按式(1.14)计算。

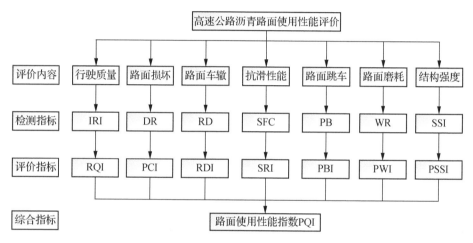

图 1.1 我国沥青路面使用性能评价指标体系

图片来源:自制

$$PQI = \omega_1 PCI + \omega_2 RQI + \omega_3 RDI + \omega_4 SRI + \omega_5 PBI + \omega_6 PWI \quad (1.14)$$

式中,ω_1、ω_2、ω_3、ω_4、ω_5、ω_6 分别是 PCI、RQI、RDI、SRI、PBI 和 PWI 这六个分项指标的权重,权重值固定。PSSI 并不参与沥青路面性能的评价。路面结构强度指数应依据抽检数据单独评定,不参与计算。

另外,针对我国典型的半刚性基层沥青路面结构形式,国内学者也提出了一些性能评价指标,例如综合疏密和贯穿度的横向裂缝指数[19]。这些单项指标从不同的角度反映了路面性能,但仍存在一些不足。不同的指标所含的信息会有重叠,例如轮迹处的纵向裂缝和网裂,两种疲劳裂缝指标之间存在很大的相关性。一些指标利用不全面,例如采用FWD弯沉盆数据以及据此反算的路面模量更能够表征路面结构承载力的变化情况,但是目前尚未建立相关的评价指标。

1.2 路面性能模型

1.2.1 早期路面性能方程

表1.1总结了早期路面性能预测模型。美国州公路工作者协会(American Association of State Highway Officials,AASHO)于1956年在Illinois修建了足尺试验路,根据检测结果提出并矫正了世界上第一个经验型路面衰变模型。模型采用$y=y_0+bx^c$的形式,其中参数y_0代表路面初始

表1.1 早期路面性能模型

模型		关系式
AASHO		$PSI=PSI_0-(PSI_0-PSI_1)\left(\dfrac{w}{\rho}\right)^\beta$
AASHTO		$\lg(W_{18})=Z_R S_0+9.36\lg(SN+1)-0.2+\dfrac{\lg\left(\dfrac{\Delta PSI}{4.2-1.5}\right)}{0.4+\dfrac{1\,094}{(SN+1)^{5.19}}}+2.32\lg(M_R)-8.07$
Paver		$PCI=100-y\left(\dfrac{1.117}{a_x}+0.143\,y_c+\dfrac{0.656}{T_c}-1.23\,a_m\right)$
弗吉尼亚		$DMR=100-5.06\times AGE^{0.48}YESAL^{1.29}DEPTH^{-0.20}$
密西西比		$PCR=90-a(e^{AGE^b}-1)\times\lg\dfrac{ESAL}{MSN^c}$
HDM	平整度	$\Delta RI=K_{gp}(\Delta RI_s+\Delta RI_c+\Delta RI_v+\Delta RI_t)+\Delta RI_e$
HDM	裂缝	$ICA=K_{cia}\left(CDS^2 a_0 e^{a_1 SNP+a_2\left(\dfrac{YE_4}{SN^2}\right)}+CRT\right)$
HDM	车辙	$\Delta RDPD=K_{rpd}CDS^3 a_0 YE_4 Sh^{a_1}HS^{a_2}$

表格来源:自制

状况。该模型认为 PSI 衰减量是当前累计交通量 w 与总设计交通量 ρ 的比值的 β 次方。而 ρ 和 β 与结构指数 SN、轴载水平及轴载组成有关。Small 和 Winston，Prozzi 对该模型中的 ρ 分别进行了修正[20]。1990 年代，前身为 AASHO 的美国州公路及运输工作者协会（American Association of State Highway and Transportation Officials，AASHTO）建立了经典的 1993 设计规范中的路面衰变模型。该模型表明了路面性能指数的变化 ΔPSI 与累计轴载 W_{18}、结构系数 SN 和路基回弹模量 M_R 之间的相关性。在此基础上，Prozzi 等人考虑了交通量增长量的影响，Hong 等人增加了面层、基层厚度、针入度指数和材料设计中的击实次数[21-22]。主要用于指导路面设计，以累计轴次并非时间为变量，但无法考虑交通量、不同路基、环境等因素，移植性不强。

此外，由美国国防部支持的路面及机场道面管理系统 Paver 中也构建了路面性能预测模型，考虑了路面厚度等结构参数 a_c 及 a_m、新建到加铺的时间间隔 y_c，以及最近一次加铺的时间 y 等参数[23]。弗吉尼亚州采用了与使用时间 AGE、交通等级 $YESAL$ 和表面层厚度 $DEPTH$ 有关的病害程度 DMR 衰减规律[24]。密西西比州根据交通等级 $ESAL$、结构承载力 MSN 来预测路面性能等级 PCR[25]。

世界银行的（Highway Development and Management，HDM）路面管理系统模型中包括平整度、裂缝与车辙 3 个模型[26]。其中，平整度模型认为平整度的变化 ΔRI 是由结构损坏、裂缝、车辙、坑洞和环境 5 个因素分别导致的平整度衰减的叠加。裂缝模型认为裂缝出现的年份 ICA 由施工缺陷 CDS、结构指数 SN、路基结构强度的季节性变化 SNP、累计轴载次数 YE_4 和养护延缓时间 CRT 决定。永久变形模型认为塑性变形 $\Delta RDPD$ 是由施工缺陷 CDS、重车车速 Sh、沥青面层总厚度 HS 决定的。

早期路面性能预测模型，主要用于指导路面建造及养护结构设计。这些模型考虑了多种影响因素及引入形式。例如：AASHO 和弗吉尼亚模型采用的幂函数关系；密西西比模型的指数和对数关系；HDM 裂缝模型中结构指数 SN 与裂缝的指数关系;以及 HDM 车辙模型中重车车速与车辙的 3 次方关系。

1.2.2　路面管理系统的发展

1970 年代,伴随系统工程、工程经济和运筹学的成熟应用,以及能源危机的刺激,美国提出路面管理系统(Pavement Management System,PMS)、生命周期费用分析(Life Cycle Cost Analysis,LCCA)以及生命周期评估(Life Cycle Assessment,LCA)的概念。国外应用比较广泛的路面管理系统包括:世界银行开发的 HDM 路面管理系统;美国国家公路与运输协会(AASHTO)开发的集成了道路、桥梁、隧道的 AASHTOWare 管理系统,已应用于明尼苏达、新泽西等地区。美国 Deighton 公司开发的 Deighton 路面管理系统,已应用于美国 12 个州、澳大利亚和欧洲一些地区;加拿大 Stantec 公司开发的(Highway Pavement Management Application,HPMA)路面管理系统,应用于亚利桑那、南卡罗来纳、田纳西等 6 个州的路网管理;美国 Agileassets 公司开发的集成道路及其附属设施的道路资产管理系统,已应用于新墨西哥、北卡罗来纳等 6 个州;美国 Streetscan 公司开发路面评估及管理系统。此外,一些公路管理部门自行开发了各种系统,如加利福尼亚州和佐治亚州等。国内也已出现各种由高校、企业及管理单位信息部门开发的各种路面管理系统。

路面管理系统包括两方面的功能:一是记录管理道路基础数据及健康状况,二是预测分析养护需求、时机及对策。近年来,随着智慧公路、智能管养观念的推广应用,一些系统中增加了基于地理信息系统(Geographic Information System,GIS),综合移动终端的日常巡检、养护作业等功能。目前各公路管理部门已普遍采用路面管理系统来记录分析路面性能数据。路面管理系统的养护决策分析对路面性能评估预测提出了更高的需求。未来路面管理系统方面的研究热点和发展前景包括:基于人工智能的道路病害识别、基于传感器及物联网的实时感知监测体系、考虑环境影响的生命周期评估、考虑养护策略可靠度的风险分析、基于大数据挖掘的路面性能预测、基于人工智能的养护决策等。

1.2.3 "时间-性能"方程

早期路面性能模型一般基于试验路加速试验,以累计轴次并非时间为变量,难以考虑路面结构、材料、交通量与环境的因素的复杂变化。随着新型路面性能指标的提出,路面养护管理需求的出现,学者们提出了各种类型的路面性能预测模型。其中采用性能-时间方程的显性表达式的预测模型最为普遍。表1.2总结了各国学者提出的路面性能-时间方程。S形(Sigmoid)模型能够描述衰变速率随时间变化的情况,应用最为广泛[27]。比较有代表性的是孙立军教授提出的双参数S形模型[28]。其中,参数α为寿命因子,代表了路面性能衰变到62%时的时间;β为衰变模式因子。徐剑等利用该模型分析了乳化沥青冷再生养护的长期性能[29]。通过将α和β定义为交通、环境、结构等的函数,可对模型根据不同的实地情况进行矫正。美国得克萨斯州的路面管理信息系统(Pavement Management Information System,PMIS)采用了相似的方程形式[30]。增加了平移因子δ,即认为最初δ年内没有病害出现;并直接将交通、气候和路基强度作为参数放入方程中。该方程的参数含义如图1.2所示。Wu在S形模型中也引入了平移因子f来考虑养护措施对衰变曲线的推迟作用[31],但是该方程假设路面性能随拐点对称。潘玉利和Wu均通过限定上下阈值来控制对路面衰变的预测。

构建"时间-性能"路面性能衰变模型,需要考虑三个方面的问题。一是模型方程能否反映衰变速率的变化。路面材料的疲劳或老化破坏过程并非线性,路面性能衰变的速率并非恒定。需要根据实测路面性能衰变速率和衰变幅度来建立合理的性能-时间方程。二是如何引入影响因素。一般需要根据工程经验、采用显著性检验,或者采用数据挖掘的方法进行筛选量化显著影响因素。三是模型参数代入形式。虽然可以通过定义更多参数来提高衰变曲线复杂性,但过多参数的物理意义不明确。只有具有明确物理意

1 路面性能评价与预测

义的参数,模型才能够清晰的表示出交通、环境、材料等因素的影响规律,具有更好的显性表达。

表 1.2 不同性能-时间方程的路面养护性能模型

模型		关系式	特点
指数[32]		$y = y_0 + be^c$	$c>0$ 时衰变速率增大,$c<0$ 时减小
幂函数[21]		$y = y_0 + bt^c$	$c>1$ 时衰变速率增大,$c<1$ 时减小
S形模型	潘玉利[33]	$y = y_{min} + \dfrac{y_{max} - y_{min}}{1 + ae^{bt}}$	a 为拐点,b 代表衰变速率
	Garcia[34]	$IRI = IRI_0(1 - e^{a-bt})$	$a<0$,b 代表衰变速率
	刘伯莹[35]	$PCI = 100\, e^{-a^b}$	a 代表速率,b 代表形状
	孙立军[28]	$PPI = PPI_0 \left(1 - e^{-\left(\frac{\alpha}{t}\right)^\beta}\right)$	α 为寿命因子,β 为衰变速率,$\alpha,\beta = f$(结构,交通,环境)
	美国得克萨斯州[30]	$L_i = \rho e^{-\left(\frac{\chi\varepsilon\sigma}{t-\delta}\right)^\beta}$	χ 为交通量参数;ε 为天气参数;σ 为路基参数;δ 为平移因子
	Wu 等人[31]	$PCI = a + \dfrac{b}{1 + e^{c(t+f)+d}}$	f 为平移因子,a 为初始值,b 为变化范围,c,d 为变化率

表格来源:自制

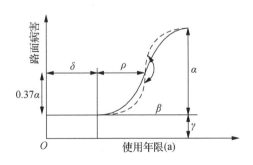

图 1.2 Texas 方程参数的物理意义

图片来源:自绘

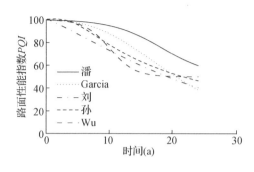

图 1.3　不同性能时间曲线方程的对比

图片来源:自绘

1.2.4　养护措施性能"模型库"

研究者们和工程界一般通过在"时间-性能"路面性能模型中引入交通量、轴载、环境等参数来考虑外界因素的影响。针对路面养护工作,为了在路面性能模型中引入养护行为的效果,早期的方法是考虑养护行为带来的性能衰变的推迟[30],后来学者开始研究养护措施在不同条件下的性能模型。如图 1.4 所示,为分析养护效益,不管是采用生命周期费用 LCCA 法[36],还是养护效益面积评价法[37-39],均需评价在不同时机、病害条件等情况下的养护措施的效果和性能发展规律。为进行路面养护决策,不管是网级还是项目级,都需要定义不同养护措施下的性能模型。因此,各国学者们对不同条件下的路面和养护措施性能模型库("Family" Models)展开了大量的研究[40-45]。内华达州对其常用的路面养护和翻新方案建立了 16 个性能预测模型。南非将道路按照结构承载力、交通量、基层类型和气候区域分组,校正了世界银行的 HDM 道路模型[41]。华盛顿州将 3000 个路段按照交通量、面层材料、道路等级和道路性能分成 24 类,矫正了性能模型[42]。如图 1.5 所示,田纳西州根据 675 个典型沥青罩面养护路段的性能和影响因素[32],校正了 6 种典型养护措施在不同条件下的共 81 个模型。

1 路面性能评价与预测

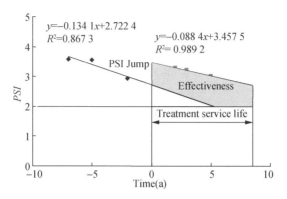

图 1.4　养护前后路面性能模型[38]

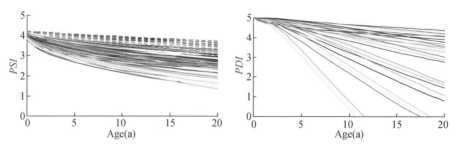

图 1.5　养护措施性能模型库示例[32]

1.2.5　影响因素显著性

早期的路面性能预测模型中已经包含了不同的因素,但是因素的引入形式和参数仍然需要根据实际数据来验证。为了确定路面性能模型中交通、环境等因素的形式和系数,既要考虑理论依据,又要考察实测数据相关性。随着 PMS 中更加详细的交通、环境、材料、结构等数据的获取,如何从这些"大量"数据中挖掘对路面性能有显著影响的因素,成为各国学者研究的热点。

对影响因素数据挖掘分析的结果,可为评价养护性能,建立养护措施的模型提供依据。图 1.6 为采用多元回归分析不同因素对养护后路面性能提升和衰变速率的影响[32],可以看出旧路 PSI、交通量、罩面厚度和铣刨深度这 4 个显著因素。当旧路 PSI 较低时,养护措施不仅无法将路面性能恢复到最佳状态,养护后的衰变速率也较快。因此,根据影响因素分析,可以建立不同厚度和铣刨深度的沥青罩面养护在不同交通量及路况下的性能模型库,指导路面养护。

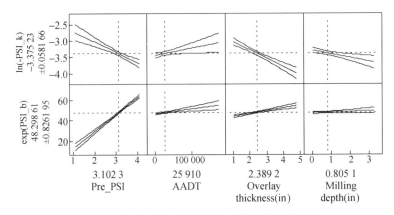

图 1.6　各种影响因素对养护后道路性能的影响

图片来源:自绘

如表 1.3 所示,除了采用传统的性能-时间曲线进行回归分析,国外学者已经开始采用各种数据挖掘方法来分析量化不同因素对路面性能衰变的影响。这些数据挖掘分析没有建立具有明确物理意义的路面性能预测模型,但是能够处理具有特殊意义和分布特征的因变量,检验因素显著性,量化影响规律。

表 1.3　路面性能影响因素的数据挖掘方法

方法	原理	优缺点
逻辑回归[46-47]	将路面性能是否低于某阈值作为因变量	只关注路面是否达到破坏标准,无法反映路面性能的变化
生存分析[47-49]	将性能不低于某阈值的概率作为因变量	可考虑观测期内没有破坏的路段,通过风险函数定义路面破坏速率

续表

方法	原理	优缺点
分类回归树[50]	根据路面性能与因素的相关性进行分组	适用于因素对性能影响不明确,路面性能无明确分布规律的情况
零膨胀回归[51]	采用分段函数方法考虑样本中大量0值	可考虑大量的没有出现病害的样本,无法反映路面性能的变化

表格来源:自制

参考文献

[1] CAREY W, IRICK P. The pavement serviceability－performance concept[J]. Highway Research Board Bulletin, 1960(250):1-20.

[2] HALL K, MUÑOZ C. Estimation of present serviceability index from international roughness index[J]. Transportation Research Record, 1999(1655):93-99.

[3] SCRIVNER F H, HUDSON W R. A Modification of the AASHO Road Test Serviceability Index Formula[J]. Highway Research Record, 1964(46):71-88.

[4] LIU C, HERMAN R. New Approach to Roadway Performance Indices [J]. Journal of Transportation Engineering, 1996, 122(5):329-336.

[5] ASTM D6433-99. Standard Practice for Roads and Parking Lots Pavement Condition Index Surveys[Z]. West Conshohocken, PA: American Society for Testing and Materials, 1999.

[6] GHARAIBEH N G, ZOU Y, SALIMINEJAD S. Assessing the agreement among pavement condition indexes[J]. Journal of Transportation Engineering, 2009, 136(8):765-772.

[7] ELDIN N N, SENOUCI A B. A Pavement Condition-Rating Model Using Backpropagation Neural Networks[J]. Computer-Aided Civil

and Infrastructure Engineering, 1995, 10(6):433-441.

[8] JACKSON N, DEIGHTON R, HUFT D. Development of pavement performance curves for individual distress indexes in South Dakota based on expert opinion[J]. Transportation Research Record, 1996, (1524):130-136.

[9] JUANG C, AMIRKHANIAN S. Unified pavement distress index for managing flexible pavements [J]. Journal of transportation engineering, 1992, 118(5):686-699.

[10] KODURU H K, XIAO F, AMIRKHANIAN S N, et al. Using fuzzy logic and expert system approaches in evaluating flexible pavement distress: case study[J]. Journal of Transportation Engineering, 2010, 136(2):149-157.

[11] SARAF C L. Pavement Condition Rating System: Review of PCR Methodology[R]. 1998. https://cpb-us-w2.wpmucdn.com/sites.udel.edu/dist/1/1139/files/2013/10/Rpt-245-Pavement-Condition-Okine-DCTR422232-1pzk0uz.pdf.

[12] SUN L, GU W. Pavement condition assessment using fuzzy logic theory and analytic hierarchy process[J]. Journal of Transportation Engineering, 2010, 137(9):648-655.

[13] BIANCHINI A. Fuzzy representation of pavement condition for efficient pavement management [J]. Computer-Aided Civil and Infrastructure Engineering, 2012, 27(8):608-619.

[14] GOLROO A, TIGHE S L. Fuzzy set approach to condition assessments of novel sustainable pavements in the Canadian climate [J]. Canadian Journal of Civil Engineering, 2009, 36(5):754-764.

[15] KARAŞAHIN M, TERZI S. Performance model for asphalt concrete pavement based on the fuzzy logic approach[J]. Transport, 2014, 29(1):18-27.

[16] PAN N F, KO C H, YANG M D, et al. Pavement performance prediction through fuzzy regression[J]. Expert Systems with Applications, 2011, 38(8):10010-10017.

[17] ZHANG Z, CLAROS G, MANUEL L, et al. Development of structural condition index to support pavement maintenance and rehabilitation decisions at network level[J]. Transportation Research Record, 2003(1827):10-17.

[18] PARK K, THOMAS N E, WAYNE LEE K. Applicability of the International Roughness Index as a Predictor of Asphalt Pavement Condition [J]. Journal of Transportation Engineering, 2007, 133(12):706-709.

[19] ZHOU L, NI F, ZHAO Y. Evaluation Method for Transverse Cracking in Asphalt Pavements on Freeways[J]. Transportation Research Record Journal of the Transportation Research Board, 2010, 2153(1):97-105.

[20] SMALL K A, WINSTON C. Optimal highway durability[J]. The American Economic Review, 1988, 78(3):560-569.

[21] PROZZI J A. Development of Pavement Performance Models by Combining Experimental and Field Data[J]. Journal of Infrastructure Systems, 2004, 10(1):9-22.

[22] HONG F, PROZZI J A. Roughness Model Accounting for Heterogeneity Based on In-Service Pavement Performance Data[J]. Journal of Transportation Engineering, 2010, 136(3):205-213.

[23] SHAHIN M Y, CATION K A, BROTEN M R. Micro PAVER Concept and Development Airport Pavement Management System [Z]. Construction Engineering Research Lab(ARMY) Champaign IL, 1987.

[24] SADEK A W, FREEMAN T E, DEMETSKY M J. Deterioration prediction modeling of Virginia's interstate highway system[J].

Transportation Research Record, 1996, 1524(1):118-129.

[25] GEORGE K. MDOT pavement management system: prediction models and feedback system[R]. Mississippi Dept. of Transportation, 2000.

[26] KERALI H, ODOKI J B, STANNARD E E. Overview of HDM-4 [R]. The highway development and management series, Volume one, World Road Association, PIARC. World Bank, Washington DC, USA, 2000.

[27] CHEN D, MASTIN N. Sigmoidal Models for Predicting Pavement Performance Conditions[J]. Journal of Performance of Constructed Facilities, 2016, 30(4):04015078.

[28] 孙立军,刘喜平. 路面使用性能的标准衰变方程[J]. 同济大学学报(自然科学版),1995(5):512-518.

[29] 徐剑,石小培,秦永春. 乳化沥青冷再生路面性能衰变与病害特征分析[J]. 公路,2015(5):207-212.

[30] SMITH R E, MUKHERJEE B, ZULYAMINAYN M, et al. Integration of Network and Project-Level Performance Models for TxDOT PMIS[R]. Texas Transportation Institute, 2001.

[31] WU K. Development of PCI-based Pavement Performance Model for Management of Road Infrastructure System[D]. Tempe:Arizona State University, 2015.

[32] DONG Q, HUANG B, RICHARDS S H. Calibration and application of treatment performance models in a pavement management system in Tennessee[J]. Journal of Transportation Engineering, 2015, 141(2):04014076. https://ascelibrary.org/doi/abs/10.1061/(ASCE)TE.1943-5436.0000738.

[33] 潘玉利. 路面管理系统基础教程[M]. 北京:人民交通出版社,2002.

[34] GARCIADIAZ A, RIGGINS M. Serviceability and distress methodology for predicting pavement performance[J]. Transportation

Research Record,1984(997):56-61.

[35] 刘伯莹,姚祖康. 沥青路面使用性能预测[J]. 中国公路学报,1991(2):5-15.

[36] RAJAGOPAL A, GEORGE K. Pavement maintenance effectiveness [J]. Transportation Research Record,1990,1276:62-68.

[37] DONG Q, HUANG B. Evaluation of effectiveness and cost-effectiveness of asphalt pavement rehabilitations utilizing LTPP data [J]. Journal of Transportation Engineering, 2012, 138(6):681-689.

[38] DONG Q, HUANG B, RICHARDS S H, et al. Cost-effectiveness analyses of maintenance treatments for low and moderate traffic asphalt pavements in Tennessee [J]. Journal of Transportation Engineering, 2013, 139(8):797-803.

[39] LABI S, LAMPTEY G, KONG S-H. Effectiveness of microsurfacing treatments[J]. Journal of transportation engineering, 2007, 133(5):298-307.

[40] ALBUQUERQUE F, NÚÑEZ W P. Development of roughness prediction models for low-volume road networks in northeast Brazil [J]. Transportation Research Record,2011,2205(1):198-205.

[41] DE SOLMINIHAC H, HIDALGO P, SALGADO M. Calibration of Performance Models for Surface Treatment to Chilean Conditions The HDM-4 Case[J]. Transportation Research Record, 2003(1819):285-293.

[42] LI J H, MUENCH S T, MAHONEY J P, et al. The highway development and management system in Washington state: Calibration and application for the department of transportation road network[J]. Transportation Research Record, 2005,1933:53-61.

[43] ROHDE G, WOLMARANS I, SADZIK E. The calibration and validation of HDM performance models in the Gauteng PMS[R]. 21st Annual South African Transport Conference, 2002. http://hdl.

handle. net/2263/7912.

[44] ROHDE G T, JOOSTE F, SADZIK E, et al. The calibration and use of HDM-IV performance models in a pavement management system [C]. Proc., Fourth International Conference on Managing Pavements, 1998:1312-1331.

[45] SEBAALY P, HAND A, EPPS J, et al. Nevada's approach to pavement management[J]. Transportation Research Record, 1996, (1524):109-117.

[46] RAVI KUMAR P, RAVI V. Bankruptcy prediction in banks and firms via statistical and intelligent techniques—A review [J]. European Journal of Operational Research, 2007, 180(1):1-28.

[47] WASHINGTON S P, KARLAFTIS M G, MANNERING F L. Statistical and econometric methods for transportation data analysis [M]. Boca Raton, FL:CRC Press, 2011.

[48] GU X, DONG Q. Laboratory Test and Numerical Simulation of Bond Performance between Basalt Fiber Reinforced Polymer Rebar and Concrete[J]. Journal of Testing and Evaluation, 2012, 40(7):1-8.

[49] PROZZI J A, MADANAT S M. Using duration models to analyze experimental pavement failure data[J]. Pavement Management and Monitoring, 2000,1699(1):87-94.

[50] DONG Q, DONG C, HUANG B. Statistical Analyses of Field Serviceability of Throw-and-Roll Pothole Patches[J]. Journal of Transportation Engineering, 2015, 141(9):04015017.

[51] DONG Q, JIANG X, HUANG B, et al. Analyzing Influence Factors to Transverse Cracking on LTPP Resurfaced Asphalt Pavements through NB and ZINB Models[J]. Journal of Transportation Engineering, 2013, 139(9):889-895.

2 美国路面长期性能数据库

2.1 长期路面性能项目

目前存储信息量最为丰富的路面性能数据库为长期路面性能(Long-Term Pavement Performance,LTPP)项目的数据库。著名的 LTPP 项目是美国 1987 年开始的战略公路研究计划(Strategic Highway Research Program,SHRP)的一部分,由美国联邦公路局管理。LTPP 的目标是通过研究不同的设计、交通量、环境、材料、施工、养护措施对路面性能的影响,为路面设计和管理提供更好的性能预测模型,开发路面设计、施工、养护的新技术。LTPP 监测了北美超过 2400 个在运营的路段的路面性能及其他相关数据。由于其数据全面,观测周期长,自 1990 年代开始,LTPP 的数据被众多学者应用于路面性能、养护研究中[1-3]。此外,美国各州路网主体部分完成于 1960 年代,各州的路面管理系统也存储了自 1980 年代以来的路面历史性能、交通量、养护信息等数据。

LTPP 项目中的观测路段长度均为 152 m。其试验项目可以分为两种类型:通用路面研究(General Pavement Studies,GPS)、专项路面研究(Specific Pavement Studies,SPS)。GPS 包括约 800 个已有的试验路面,SPS 主要是为了研究新建、养护、大修对路面的影响。其中,SPS-3 针对沥青路面预防性养护对路面性能的影响,SPS-5 针对沥青路面罩面类养护对于路面性能的影响。LTPP 记录的数据包括路段基本信息（位置、施工次数、日期等）、气候信息（降雨量、冰冻指数等）、荷载信息、维护养护信息（养护类型、材料类型、路面厚度等）、病害数据（车辙、裂缝、错台等）、平整度、摩擦系数、交通量信息等[1]。如图 2.1 所示，读者可以通过 LTPP InfoPave 网站免费搜索下载 LTPP 数据。

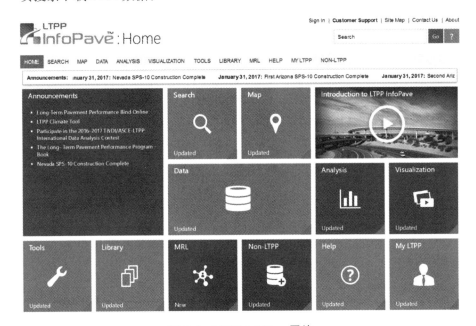

图 2.1　LTPP InfoPave 网站

图片来源：自绘

2.2　数据采集方法

LTPP 中路面的性能数据包括表面功能（平整度、抗滑系数）、病害（裂缝、车辙等）及结构承载力（弯沉）等。路面的检测方法已由传统的人工检测方法转变为车载自动化检测。图 2.2 为最常用的两种车载自动化检测设备：断面仪和高速摄像机。

2 美国路面长期性能数据库

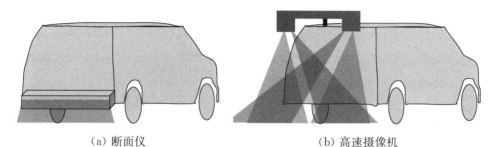

(a) 断面仪　　　　　　　　　(b) 高速摄像机

图 2.2　车载自动检测装备

图片来源：自绘

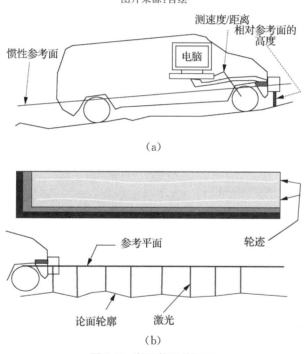

(a)

(b)

图 2.3　断面仪工作原理

图片来源：自绘

其中，断面仪由三部分协同工作：加速度计、激光传感器、电脑。断面仪可以测量路面平整度和车辙。测量平整度的工作原理如图 2.3，即利用激光传感器测量车体到路面的距离，利用加速度计测量车体本身的竖向位移，将数据存储到电脑上，分析得到路面纵断面的剖面，然后利用该剖面计算路面平整度指数。测量车辙是通过横向分布的激光传感器测量距离路面的高度,通过几个测点高程模拟路面横断面来快速计算车辙。对于路面病害,利用车载高精度摄像机从上往下捕捉路面图像,如图2.2(b)。再利用图像处理技术和模式识别技术进行后处理,获得病害的各种特征参数。图2.4为沥青路面裂缝识别。此外,LTPP还记录了芯样测试获取的路面及材料性能相关数据,并且将部分材料封存在材料仓库中,可以根据研究需求提取测试。

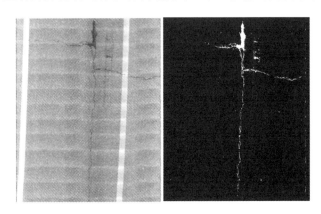

图2.4 沥青路面裂缝识别

图片来源:自绘

2.3 沥青路面性能数据

LTPP中对沥青路面性能指标数据的定义及其数据表的详细情况如下:

(1) 平整度

平整度常用国际平整度指数(International Roughness Index,IRI)表示。IRI 是模拟理想车辆以一定速度沿路面纵向剖面行驶,计算 1 km(或 1 mile)距离内系统的相对竖向位移累积值,其单位为 m/km(或 in/mile),可通过图2.2所示的断面仪测量。通常认为,平整度直接影响路面行驶质量,并且是影响路面质量、道路使用费用、燃油消耗的关键因素。IRI 越小,表示路面的平整度越好。IRI 越大,路面的平整度越差,行驶质量越不好。已有研究发现平整度 IRI 与路面服役性能指数 PSI 存在很大的相关性,统计结果表明 IRI 与 PSI 之间的关系可以用线性函数或者指数函数表示[4-6]。因此，IRI 也常用于评价路面性能。IRI 可以在 LTPP 数据库中"MON_HSS_PROFILE_SECTION"表格提取。

(2) 车辙

车辙是车轮迹下路面纵向表面凹陷，如图 2.5(a)所示。它是由路面中间层或者下层的变形、沥青混合料的抗压或抗剪失效等导致的[7]。车辙的测量值是车辙深度，车辙深度越大，车辙越严重。车辙深度反映了路面行驶的舒适性和安全性。车辙数据可以从 LTPP 数据库"MON_RUT_DEPTH_POINT"表中提取。

(3) 疲劳裂缝

疲劳裂缝或龟裂是在车辆重复荷载作用下，路表沥青层出现的自下而上的网状裂缝，如图 2.5(b)所示。疲劳裂缝严重程度分为轻度、中度、重度，其测量值是裂缝面积。

(4) 块裂

块裂是将路面分割成近似矩形块状的裂缝，矩形块状的面积大小近似为 0.1 m^2 到 10 m^2，如图 2.5(c)所示。块裂的形成通常和荷载无关，主要由沥青硬化导致。块裂的严重程度分为轻度、中度、重度，其测量值是块裂的影响面积。

(5) 边裂

边裂发生在未加铺的路肩，为新月形的裂缝或较连续的裂缝，如图 2.5(d)所示。边裂的严重程度分为轻度、中度、重度，其测量值是边裂的影响长度。

(6) 轮迹带纵向裂缝

平行于路面中线，位于轮迹带边缘自上而下的裂缝，如图 2.5(e)所示。它主要由车轮荷载引起的路表拉应力导致，一般被认为是疲劳裂缝的早期，随着时间的推移，可以发展为疲劳裂缝。其严重程度分为轻度、中度、重度，其测量值是裂缝长度。

(a) 车辙　　　　　　　　　　(b) 疲劳裂缝

(c) 块裂　　　　　　　　　　(d) 边裂

(e) 轮迹带纵向裂缝　　　　　(f) 非轮迹带纵向裂缝

(g) 横向裂缝　　　　　　　　(h) 补丁

2 美国路面长期性能数据库

(i) 坑槽　　　　　　　　(j) 泛油

(k) 集料磨光　　　　　　(l) 松散

(m) 唧泥

图 2.5　沥青路面病害[7]

图片来源：自绘

(7) 非轮迹带纵向裂缝

平行于路面中线，但不在轮迹带处的裂缝，如图 2.5(f)所示。其严重程度分为轻度、中度、重度，其测量值是裂缝长度。

(8) 横向裂缝

横向裂缝是垂直于路面中线的裂缝，通常被认为是由于急剧的温度变化引起的温缩裂缝，如图 2.5(g)所示。横向裂缝的严重程度分为轻度、中度、重度,其测量值包括裂缝条数、裂缝长度。

(9) 补丁

补丁是指在路面上去除破损部分,然后用新的材料替换的部分,如图2.5(h)所示。其严重程度分为轻度、中度、重度,测量值包括补丁个数和影响面积。

(10) 坑槽

坑槽是指路面坑洞,如图2.5(i)所示。其严重程度分为轻度、中度、重度,测量值包括坑槽个数和坑槽影响面积。

(11) 泛油

泛油是指多余的沥青胶结料出现在路面上,通常出现在轮迹带处,如图2.5(j)所示。其表现形式可能是泛油处颜色与道路其余部分不同,或者由于过多的沥青导致路面失去纹理,或者出现闪亮的、玻璃般的、反射的发黏表面。其测量值是泛油的影响面积。

(12) 集料磨光

集料磨光是指沥青胶结料磨损,导致粗集料暴露、磨损,使得路面变得光滑,如图2.5(k)所示。其测量值是影响面积。

(13) 松散

松散是指骨料颗粒和沥青胶结料的丧失导致路面的磨损,如图2.5(l)所示。松散的范围包括细骨料丧失、粗骨料丧失。其测量值是影响面积。

(14) 唧泥

唧泥是指水从沥青面层裂缝处往上渗漏至路面,在车辆荷载作用下,动水压力冲刷基层导致细骨料溶解成泥浆,从裂缝处唧出,如图2.5(m)所示。其测量值是唧泥发生的个数以及其影响长度。

除了以上病害之外,路面还会出现拥包、剥落等病害。这些病害可从LTPP数据库中"MON_DIS_AC_REV"表格提取出来。

2.4 沥青路面性能影响因素

影响沥青路面性能的因素可以分为外部因素和内部因素。LTPP 记录的外部因素包括行车荷载、环境因素和养护水平；内部因素包括沥青面层、材料特性、结构强度和运营时间。

（1）行车荷载

在行车荷载的重复作用下，路面的性能会降低。一般来说，当其他条件相同时，行车荷载越大，路面性能的衰变越快；行车荷载越小，路面性能的衰变越慢。行车荷载的大小可以采用等效单轴轴载（kilo Equivalent Single Axle Load，kESAL），可从 LTPP 数据库表格"TRF_ESAL_COMPUTED"中获得。

（2）环境因素

环境因素主要包括温度和降雨两类，冰冻指数（Freeze Index）与温度有关，它是一年中所有低于 0℃ 的日平均温度之和的负值。冰冻指数越大，表示温度越低。降雨用年平均降雨量（Precipitation）表示。二者可以从表格"TRF_ESAL_INPUTS_SUMMARY"中获得。

（3）养护水平

适时合理的养护可以提高路面性能，延缓路面的衰变速率，从而延长路面的使用寿命。不同的养护措施，如大修的铣刨（不同路面铣刨深度不同），预防性养护的薄层罩面、碎石封层、稀浆封层、裂缝密封等，对于路面性能的改善有所不同。LTPP 数据库中铣刨的参数有加铺层厚度和铣刨深度，加铺层厚度可从表格"RHB_IMP"中获得，铣刨深度可从表格"RHB_MILL_AND_GRIND"中获得。不同的养护类型可以通过表格"RHB_IMP"确定。

（4）沥青面层

沥青面层的厚度显著影响路面性能。当沥青面层厚度增加时，路面结构承载力增强，其衰变速率降低。相关数据可以从表格"SECTION_LAYER_STRUCTURE"中获取。

(5) 材料特性

材料质量的优劣以及级配是否合理都会影响路面的性能。详细的材料来源、级配、沥青用量、测试结果等,可以从"TST"模块的相关数据表中获取。

(6) 结构强度

路面需要具有一定的结构强度来承受和分散车辆荷载,这是保证沥青路面整体稳定性的基础。路面的结构强度用结构系数 SN(Structural Number)表示,它是表征路面相对强度的抽象数字,可通过表示该层材料相对强度的系数转换成沥青面层的厚度。SN 数据可从表格"TRF_ESAL_INPUTS_SUMMARY"中获得。

(7) 运营时间

LTPP 数据库中详细记录了路面养护次数,每次养护的时间、检测时间。因此,通过检测时间与养护时间的差值就可以计算路面的服役时间。

2.5 路面性能数据预处理

2.5.1 缺失值和异常值

收集了以上路面性能数据之后,由于初始数据中包括一些缺失值和异常值,因此需要对数据进行预处理,然后才能将数据用于分析。由于病害检测过程中的疏忽或遗漏、监测设备的损坏等原因,导致数据中包含缺失值。处理缺失值的方法有两种:删除缺失值、替换缺失值。替换缺失值的方法包括用序列均值替换、附近点均值替换、附近点中值替换、线性插值、缺失点处线性趋势[8]。

检测设备的故障,记录的失误等都可以造成异常值的出现。样本中过多的异常值,将会导致统计分析的结果有较大的偏差。针对异常值,可采用箱形图(Box-plot)进行识别,超过 $Q_1-1.5IQR$ 和 $Q_3+1.5IQR$ 这个范围的数据被定义为异常值,如图 2.6 所示。其中,Q_1 是下四分位数,Q_3 是上四分位数,IQR 是四分位距,$IQR=Q_3-Q_1$。图 2.6 中虚线矩形框内为异常值,可以将其删除。

2 美国路面长期性能数据库

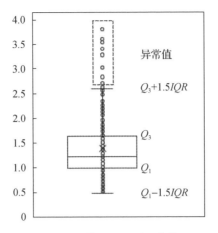

图 2.6　箱形图识别异常值

图片来源:自绘

除了采用箱形图识别异常值之外,对于连续监测的数据,若在某一个时间点其值与邻近时间的值有显著变化,或者针对某一个没有采取养护措施的路段,路面性能显著地提升,均可以判定这些值为异常值[9]。良好的数据质量是可靠的分析结果的前提,近些年,随着大数据的发展,数据质量控制也显得愈发重要。

2.5.2　分布形式

在某些统计模型中变量需要满足正态分布这一前提,如采用最小二乘法估计多元回归模型参数、结构方程模型等。因此,在采用这些方法进行数据分析时,需要检验变量的是否满足正态分布。正态分布假设检验的虚无假设(或原假设)H_0:在显著性水平 $\alpha=0.05$ 的情况下,样本满足正态分布;备择假设 H_1:在显著性水平 $\alpha=0.05$ 的情况下,样本不满足正态分布。卡方 χ^2 拟合优度检验,柯尔莫哥洛夫 K-S 检验(Kolmogorov-Smirnov 检验)、Shapiro-Wilk 检验、偏度、峰度检验,Q-Q 图检验等均可以用于假设检验。此外,在分析变量的统计性描述参数时,还可以得到变量的峰度和偏度,峰度和偏度值可以用于快速初步判断变量是否满足正态分布。若峰度和偏度过大,则认为变量不满足正态分布。Khine 认为若变量的偏度绝对值大于 3 或者峰度的绝对值大于 7,则变量不满足正态分布[10]。实际上,大部分路面病害变量的偏度绝对值大于 3 或者峰度绝对值大于 7,难以满足正态分布。

对于某些不满足正态分布的变量,可以通过对数正态、指数函数、平方函数等将其转换成正态分布。对于右偏形态的分布,即分布非对称,右边的尾部偏长,有数量级相差很大的值,大部分样本集中在左边,可以采用凹变换如对数转换、平方根变换、倒数变换等将其进行对数转换,使其接近于正态分布。对于左偏形态的分布,可以尝试采用凸函数如指数函数、平方函数等将其进行转换,使其接近于正态分布。

2.6 LTPP 早期研究

早在 1990 年代中期 LTPP 项目开展 5 年的时候,美国就已经开始对其所记录的路面性能数据进行研究分析。Daleiden 等研究了 SPS-5 项目路段的数据,并没有发现不同沥青罩面类养护措施之间存在显著区别[11]。Perera 等采用方差分析研究了 SPS-5 试验项目中养护前后的路面平整度指数,养护前的平整度、铣刨、是否使用再生料、罩面厚度等因素都不是显著因素。不过他们认为罩面厚度和铣刨对平整度应存在显著影响,并建议在数据更加丰富的时候进行深入研究[12]。Eltahan 等研究了 SPS-3 项目路段的数据,分析了预防性养护措施生存曲线与服役寿命延长量,发现在路段比较差的时候预防性养护失效概率较高,并且碎石封层的效果较好[13]。到了 2000 年,LTPP 积累了 10 年左右数据的时候,Rauhut 等人研究了 SPS-5 和 GPS-6 项目路段性能数据的性能发展趋势,发现较厚的罩面裂缝较少,但是车辙较为严重,对平整度影响较小。铣刨路段的性能总体较好。使用再生料的路段性能略差[3]。Hall 等人采用配对显著性检验研究了 SPS-5 和 GPS-6B 项目路段的数据,发现罩面厚度与养护前平整度对养护后路面性能的影响最为显著,使用再生料与铣刨的效果在不同路段表现并不一致[14]。

因此,随着数据的不断积累,分析方法的不断探索,针对 LTPP 数据的研究分析已经开始不断发现有助于指导路面养护及长期保存的信息。

美国 LTPP 长期路面性能项目到目前已经持续了 30 年,各路段都已经进行了多次养护维修,联邦公路局还在每年投入大量的研究经费支持该项目的持续开展。LTPP 为进行路面性能分析,指导路面结构设计及养护措施选择,矫正路面结构力学经验设计法的模型参数提供了宝贵的数据。本书中数据主要来自 LTPP 数据库,通过介绍不同的路面性能数据分析方法及案例,为道路基础设施的长期保存提供经验和借鉴。

参考文献

[1] ELKINS G E, SCHMALZER P, THOMPSON T, et al. Long-term pavement performance information management system pavement performance database user reference guide[R]. McLean, VA: U. S. Department of Transportation Federal Highway Administration, 2003.

[2] HALL K T, SIMPSON A L, CORREA C E. LTPP data analysis: Effectiveness of maintenance and rehabilitation options[Z]. National Cooperative Highway Research Program, 2002.

[3] RAUHUT B, VON QUINTUS H, ELTAHAN A. Performance of Rehabilitated Asphalt Concrete Pavement in LTTP Experiments (Data Collected Through February 1997)[R]. Turner-Fairbank Highway Research Center, 2000.

[4] GULEN S, WOODS R, WEAVER J, et al. Correlation of present serviceability ratings with international roughness index [Z]. Transportation Research Record, 1994(1435):27-37.

[5] AL-OMARI B, DARTER M I. Relationships between international roughness index and present serviceability rating[Z]. Transportation Research Record, 1994(1435):130-136.

[6] GILLESPIE T D. Everything you always wanted to know about the IRI, but were afraid to ask[R]. Nebraska, 1992.

[7] MILLER J S, BELLINGER W Y. Distress identification manual for the long-term pavement performance program[R]. McLean, VA: Federal Highway Administration, 2014.

[8] IBM. IBM SPSS Statistics 20 Brief Guide[R]. 2011. http://www.sussex.ac.uk/its/pdfs/SPSS_Brief_Guide_21.pdf.

[9] WANG Y. Ordinal Logistic Regression Model for Predicting AC Overlay Cracking[J]. Journal of Performance of Constructed Facilities, 2013, 27(3):346-353.

[10] KHINE M S. Application of structural equation modeling in educational research and practice[M]. Rotterdam:Sense Publishers, 2013.

[11] DALEIDEN J F, SIMPSON A, RAUHUT J B. Rehabilitation performance trends: early observations from long-term pavement performance (LTPP) specific pavement studies (SPS)[R]. Turner-Fairbank Highway Research Center, 1998.

[12] PERERA R W, KOHN S D. International roughness index of asphalt concrete overlays: Analysis of data from long-term pavement performance program SPS-5 projects[J]. Transportation Research Record, 1999, 1655(1):100-109.

[13] ELTAHAN A A, DALEIDEN J F, SIMPSON A L. Effectiveness of maintenance treatments of flexible pavements[J]. Transportation Research Record, 1999, 1680(1):18-25.

[14] HALL K T, CORREA C E, SIMPSON A L. Performance of flexible pavement maintenance treatments in the long-term pavement performance SPS-3 experiment[J]. Transportation Research Record, 2003, 1823(1):47-54.

3 基于置信区间估计的路面抽检样本量分析

3.1 背景

为保证道路运营状况,公路管理部门会定期抽检和评估道路基础设施状态。例如我国交通运输五年一度的全国干线公路养护与管理检查。美国各州公路管理部门通过养护质量保证项目(Maintenance Quality Assurance Program,MQAP)来评估道路交通基础设施的运营状况,以及是否存在养护不足的问题[1-2]。该养护质量保证项目,要求检测人员检查包括各项路面性质指标,以及护栏、交通标志、排水系统等各种资产的运营状态。

对于道路状况评估可采用合格率(Pass/Fail)与打分法(Quantitative)两种方法[1-2]。美国大部分州采用较为快速的合格率的检查方法。对于抽检工作,最关键的一个环节是如何在保证检测可靠度的基础上提高调查检测效率,即需要确定一个能够反映整个路网的状况的最小调查样本量。一般采用的方法是直接根据路网总长来确定。研究表明,评估路网平均状况需要2%~5%的样本量;预测路网状况需要10%~15%的样本量;预估路网维修费用则需要30%~35%的样本量。本章将讨论如何根据统计分析中参数估计置信区间的问题来研究如何确定合适的样本量。

3.2 样本量与置信区间关系

样本量与置信区间(Confidence Interval)和置信水平(Confidence Level)存在关系。置信区间又称估计区间或精度(Precision),是用来估计参数的取值范围,置信区间越小精度越高。置信水平也称为置信度,是总体落入置信区间内的概率。在置信水平固定的情况下,样本量越多,置信区间越窄。例如调查显示某参议员95%置信水平下的支持率55%±3%,说明调查样本均值点估计为55%,区间估计为(52%,58%),真实支持率有95%的概率落在这个±3%的区间估计范围内。

很显然道路状况评估采用合格率法得到的是个"0-1"二项分布变量,采用打分法得到的是一个连续型变量。在已知总体分布的情况下,可根据置信水平与置信区间来确定样本量。采用打分法可根据式(3.1)来计算样本量[3],采用合格率法,可根据式(3.2)来计算样本量[1,4]。

$$n = \frac{z^2 s^2}{e^2} \tag{3.1}$$

$$n = \frac{p(1-p)}{\left(\frac{e}{z}\right)^2} \tag{3.2}$$

式中,n——样本量;

z——正态分布中对应不同置信水平的置信系数;

s——根据历史数据及前期调查确定的总体分布标准差;

e——置信区间;

p——总体通过率。

对于合格率方法,美国NCHRP-677报告建议7%的置信区间,采用5%置信区间会增加75%的样本量[2]。对于正态分布,90%与95%置信水平的z置信系数分别为1.645与1.95。95%置信水平与4%置信区间的含义是,有95%的把握真实合格率落在检测合格率的±4%区间范围内。

在式(3.2)中引入总体数量 N，可得式(3.3)，可以计算出不同总体数量、总体通过率、置信区间和置信水平下所需要的样本量。该式已被亚拉巴马、路易斯安那、密西西比等州采用[1-2,5-6]，

$$n=\frac{z^2 p(1-p)}{e^2+\frac{z^2 p(1-p)}{N}} \qquad (3.3)$$

图 3.1 为不同通过率 p 对应的样本量 n，可以看出通过率接近 0 或者 1 时，所需要的样本越少。这一点很容易理解，当已知总体的通过率无限接近 0 或者 1 时，实际上只要检查一个样本是否通过即可。通过率为 0.5 时则需要检验较多的样本来确定。NCHRP-677 报告中推荐州际高速通过率为 80%。图 3.2 为总体数量 N 变化时，所需样本量的变化，可以看出总体数量比较大的时候，总体数量对样本量影响很小。对于包含 1 万个和 20 万个路段的两个总体，所需要的样本数量都是在 350 左右。

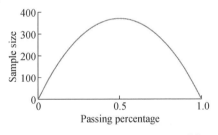
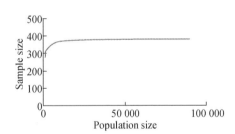

图 3.1　不同通过率对应的样本量[7]　　图 3.2　不同总体数量所需的样本量[7]

图片来源：自绘

3.3　结果与讨论

进行养护质量保证体系检查时，对每个单位长度的路段样本，首先需要定义详细的检查项目。田纳西州共对每个样本共规定了 49 个检查项目[8]。根据历史数据，49 个检查项目的平均通过率为 87%。以 0.1 mile(约 0.16 km)为样本路段，路网总体数量为 138 960。根据式(3.3)计算得 95% 置信水平下，

4%置信区间所需的样本为984,占总体数量的0.7%。此外,田纳西州还将全州路网划分为4个大区(Region),12个小区(District),以及95个县(County),如果要在每个区或县内也达到了相同的置信水平与置信区间,则在大区、小区及县的层面,分别需要3 489、8 144和69 546个样本,分别占总体的2.5%、5.9%与50%。总的来说,为了在更小的管理层级保持较高的精度,需要更多的样本,因为总体数量对样本影响并不大,而分组将导致样本数量成倍增加。

目前,田纳西州每年检查7 200个样本路段,可以计算出95%置信水平下,每个大区、小区及县级别的置信区间。如图3.3所示,在较小分区级别下,检测结果置信区间在增大。州、大区、小区及县级别的置信区间分别为0.7%、1.4%、2.7%和6.9%。其中某些县的置信区间很小,主要是由于该分组的检验合格率很高。田纳西州根据每个县公路总里程来确定样本量。在公路总里程较少的县,选取的样本少,会导致置信区间的增大,即精确度的降低。

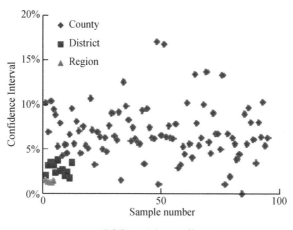

(a) 不同分区对应的置信区间

3 基于置信区间估计的路面抽检样本量分析

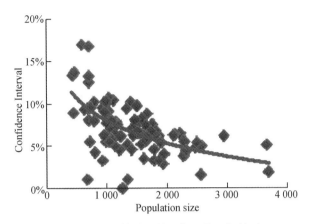

（b）不同县总体路段数量与置信区间关系

图 3.3　按比例取样时不同分区下的置信区间[7]

图片来源：自绘

如图 3.4 所示，如果将 7 200 个调查样本平均分配到每个县，即选取相同的样本量，而不管这个县的公路总里程，会发现置信区间反而降低，即精度提高了。这与前面分析结果一致，即总体数量与样本量关系不大。因此，平均分配样本量能够显著提高抽检结果的置信区间，即抽检精度。

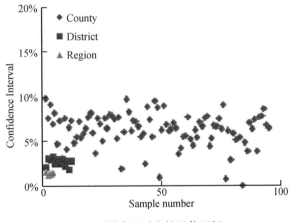

（a）不同分区对应的置信区间

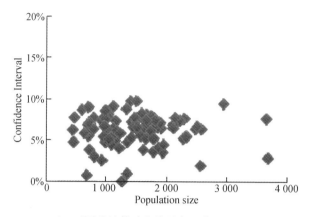

(b) 不同县总体路段数量与置信区间关系

图 3.4 平均取样时不同分区下的置信区间[7]

图片来源：自绘

参考文献

[1] SCHMITT R L, OWUSU-ABABIO S, WEED R M, et al. Understanding statistics in maintenance quality assurance programs [J]. Transportation Research Record, 2006, 1948(1): 17-25.

[2] JENKS C. NCHRP Report 677: Development of Level of Service for the Interstate Highway System [Z]. Washington, DC: TRB (Transportation Research Board), 2010.

[3] MCCULLOUCH B. Maintenance quality assurance program[Z]. Joint Transportation Research Program, 2003: 142.

[4] STIVERS M, SMITH K, HOERNER T, et al. NCHRP Report 422: Maintenance QA Program Implementation Manual[Z]. Washington, DC: Transportation Research Board, National Research Council, 1999.

[5] DE LA GARZA J M, PIñERO J C, OZBEK M E. Sampling procedure for performance-based road maintenance evaluations [J].

Transportation Research Record, 2008, 2044(1):11-18.

[6] KARDIAN R, WOODWARD JR W. Virginia Department of Transportation's Maintenance Quality Evaluation Program [J]. Transportation Research Record, 1990, 1276(01): 90-96.

[7] DONG Q, HUANG B. Sample Size and Precision for Pavement Inspection in a Maintenance Quality Assurance Program [R]. New Frontiers in Road and Airport Engineering, 2015: 250-257.

[8] TDOT. Tennessee Department of Transportation Maintenance Rating Program, Field Survey Data Collection[Z]. Nashville, Tennessee: Tennessee Department of Transportation, 2010.

4 路面养护效果影响因素线性回归分析

4.1 背景与数据

为了研究分析不同养护措施、交通量、路面结构承载力因素对路面养护效果的影响,一般方法是收集足够多的养护路段样本,计算确定合适的评价养护措施短期及长期效益的指标,再通过比较及回归分析研究不同养护措施或外界因素对路面养护措施效果的影响,用于指导选择更合适的路面养护措施。其中,代表路面养护短期及长期效果的变量包括:养护实施后路面性能的短期提升[1-3],养护后路面性能衰变速率[1-3],养护后路面长期平均性能[4-8],养护措施服役时间[4,9,10],全生命周期费用[11],以及由路面性能随时间变化曲线与路面性能阈值间的面积[2-3,5]等。

实际上,传统的"时间-性能"路面性能预测模型都是基于路面性能数据,采用回归分析方法来构建。回归也是最常见的数据分析与预测方法,回归分析中的变量包括两类:一是因变量,如路面性能指标、养护效益等;二是自变量,为因变量的影响因素,如时间、交通量、结构、材料等。通过回归分析,可以研究自变量对因变量的影响显著性与影响规律,检验分析重要因素;并且在回归决定系数较高时,用于预测路面性能。

本研究提取了LTPP数据库中沥青路面罩面类养护路段的路面性

4 路面养护效果影响因素线性回归分析

能及其他相关数据,以路面养护后路面平整度为养护措施的短期效果,材料、养护方法等变量作为自变量进行线性回归分析。LTPP记录的沥青罩面养护措施共包括4种,主要分布在SPS-5、GPS-6B等几个项目中。对每一个养护路段,提取该路段养护前后的历年平整度均值,可以采用一元线性回归来拟合养护前与养护后的平整度指数变化模型,并计算出可用于评价养护效益的参数,包括养护后平整度指数、养护时平整度下降值、养护后平整度指数上升速率,以及根据养护前后平整度曲线、养护措施服役寿命计算出的效益面积,如图4.1所示。由于平整度随时间上升一般较为缓慢,在路面平整度指数到达阈值上限时,路段往往会由于裂缝、车辙等病害超过上限而已经采取了养护措施。平整度检测结果的变异性较小,随时间增长的变化规律较为稳定,路面病害数据随时间变化情况难以回归出较为规律而平缓的曲线。并且平整度与行车舒适性、燃油消耗关系密切,因而采用平整度变化情况来计算养护效益面积,如式(4.1)所示。

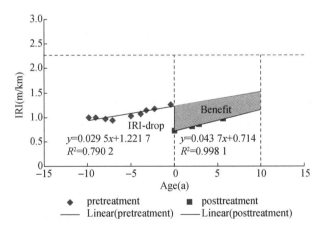

图 4.1 养护前后国际平整度指数变化情况
(LTPP项目编号:30-7076)[12]

图片来源:自绘

$$\text{Benefit} = \begin{cases} \dfrac{(p-b_2)^2}{2k_2}, & \text{if } b_1 \geqslant p \,\&\, k_2 t + b_2 \geqslant p \\[6pt] \dfrac{t}{2}(2p - 2b_2 - k_2 t), & \text{if } b_1 \geqslant p \,\&\, k_2 t + b_2 < p \\[6pt] \dfrac{(p-b_2)^2}{2k_2} - \dfrac{(p-b_1)^2}{2k_1}, & \text{if } b_1 < p \,\&\, k_2 t + b_2 \geqslant p \,\&\, k_1 t + b_1 \geqslant p \\[6pt] \dfrac{(p-b_2)^2}{2k_2} - \dfrac{t}{2}(2p - 2b_1 - k_1 t), & \text{if } b_1 < p \,\&\, k_2 t + b_2 \geqslant p \,\&\, k_1 t + b_1 < p \\[6pt] \dfrac{t}{2}(2p - 2b_2 - k_2 t) - \dfrac{(p-b_1)^2}{2k_1}, & \text{if } b_1 < p \,\&\, k_2 t + b_2 < p \,\&\, k_1 t + b_1 \geqslant p \\[6pt] \dfrac{t}{2}(2p - 2b_2 - k_2 t) - \dfrac{t}{2}(2p - 2b_1 - k_1 t), & \text{if } b_1 < p \,\&\, k_2 t + b_2 < p \,\&\, k_1 t + b_1 < p \end{cases}$$

(4.1)

式中,Benefit——效益面积;

t——服役时间,LTPP 数据中这几种养护措施项目的服役时间为 9.6 年±1.4 年;

p——平整度上阈值,这里取 2.36 m/km;

k_1, b_1——养护前线性方程的斜率与截距;

k_2, b_2——养护后线性方程的斜率与截距。

如图 4.2 所示,由于线性回归要求因变量满足正态分布,对养护后平整度指数以及养护后平整度指数上升速率,分别进行了平方根和对数转换,使其近似满足正态分布。在提取的样本中,一些路段的平整度指数变化情况异常,难以回归得到随服役时间增长而增长的趋势,这些样本被删除。另外,图 4.2 中位于超过上四分位数的 1.5 倍四分位距或低于下四分位数的 1.5 倍四分位距的样本一般作为离群值,也从回归分析中删除,最终保留 383 个样本。回归分析的自变量与因变量概括如表 4.1 所示。其中路面总厚度为沥青层总厚度,这些路段以全厚式沥青路面为主,路面总厚度代表了路面结构的承载力大小。

4 路面养护效果影响因素线性回归分析

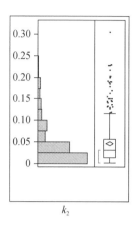
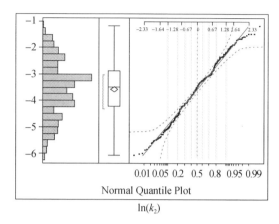

(a) k_2

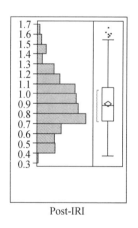
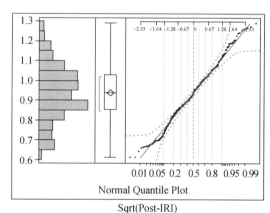

(b) Post-IRI

图 4.2　因变量的转换及分布图[12]

图片来源：自绘

表 4.1 回归分析变量说明[12]

变量		描述
自变量	Mill	是否进行铣刨
	Material	是否使用30%的厂拌热再生料
	Total thickness	路面总厚度(cm)
	Overlay thickness	罩面厚度(cm)
	Pre-IRI(b_1)	养护前平整度指数(m/km)
	k_1	养护前平整度指数上升速率
	Annual KESALs	年等效标准轴载次数($\times 10^3$)
因变量	Sqrt(Post-IRI)	养护后平整度指数平方根
	IRI-drop	养护时平整度下降值(m/km)
	$\ln(k_2)$	养护后平整度指数上升速率对数
	Benefit	养护效益面积

表格来源：自制

4.2 线性回归方法

4.2.1 回归方程

线性回归是最常见的数据分析方法，因变量 y 与自变量 x_i 之间线性回归模型如式(4.2)。

$$y = \beta_0 + \beta_1 x_1 + \beta_2 x_2 + \cdots + \beta_p x_p + \varepsilon \tag{4.2}$$

式中，β_0——常数项；

β_i——回归系数，即其他自变量保持不变时，x_i 增加或减少一个单位时 y 的变化量；

ε——随机误差，$\varepsilon \sim N(0, \sigma^2)$。

线性回归写成矩阵形式如式(4.3)。

$$Y = X\beta + \varepsilon \tag{4.3}$$

4 路面养护效果影响因素线性回归分析

$$Y = \begin{bmatrix} y_1 \\ y_2 \\ \vdots \\ y_n \end{bmatrix}, \boldsymbol{\beta} = \begin{bmatrix} \beta_0 \\ \beta_1 \\ \vdots \\ \beta_p \end{bmatrix}, X = \begin{bmatrix} 1 & x_{11} & x_{12} & \cdots \\ 1 & x_{21} & x_{22} & \cdots \\ \vdots & \vdots & \vdots & \vdots \\ 1 & x_{n1} & x_{n2} & \cdots x_{np} \end{bmatrix}, \boldsymbol{\varepsilon} = \begin{bmatrix} \varepsilon_1 \\ \varepsilon_2 \\ \vdots \\ \varepsilon_n \end{bmatrix} \quad (4.4)$$

式中,Y——由响应变量构成的 n 维向量;

X——$n \times (p+1)$ 阶设计矩阵;

$\boldsymbol{\beta}$——$p+1$ 维向量;

$\boldsymbol{\varepsilon}$——n 维残差向量。

4.2.2 参数估计

线性回归一般采用最小二乘法求向量 $\boldsymbol{\beta}$ 的参数估计,即使观测值 y_i 与回归值 $E(y_i)$ 的离差达到最小的 $\boldsymbol{\beta}$ 值,如式(4.5)。

$$Q(\boldsymbol{\beta}) = (Y - X\boldsymbol{\beta})^T (Y - X\boldsymbol{\beta}) \quad (4.5)$$

根据微积分极值原理,离差平方和分别对 $\beta_0, \beta_1, \beta_2, \cdots, \beta_p$ 的偏导为 0,可求得 $\hat{\boldsymbol{\beta}}$ 是随机向量 Y 的一个线性变换,如式(4.6)。

$$\hat{\boldsymbol{\beta}} = (X^T X)^{-1} X^T Y \quad (4.6)$$

可得经验回归方程如式(4.7)。

$$\hat{y} = \hat{\beta}_0 + \hat{\beta}_1 x_1 + \hat{\beta}_2 x_2 + \cdots + \hat{\beta}_p x_p \quad (4.7)$$

进行线性回归需要满足一些假设,否则参数估计会出现问题,这些假设包括:

(1) 误差项应满足无偏性、同方差性及正态分布性。即误差项期望为 0,方差为固定,并且 $\varepsilon_i \sim N(1, \sigma^2)$。误差项满足这一条件时,因变量 $Y_i \sim N(X\boldsymbol{\beta}, \sigma^2)$ 为正态分布。

(2) 无自相关性,误差项之间应该相互独立。

(3) 无共线性,自变量之间,自变量与误差项 ε 相互之间均应该独立。

(4) 因变量为正态分布,当不满足此条件时,需要将其变换成正态分布形式。

4.2.3 模型评价

为检验回归方程显著性,需要进行 F 检验,检验假设为

$$H_0:\beta_1=\beta_2=\cdots=\beta_k=0 \Leftrightarrow H_1:\beta_i\neq 0 \tag{4.8}$$

基于离差平方和分解式,即"$SST=SSR+SSE$",构建 F 检验统计量如式(4.9)。

$$F=\frac{SSR/p}{SSE/(n-p-1)} \tag{4.9}$$

零假设成立时,F 服从自由度为 $(p, n-p-1)$ 的 F 分布,当 F 值大于 $F_a(1, n-p-1)$ 时,拒绝 H_0,说明方程显著。多元线性回归中 SST 为总体离差平方和,自由度为 $n-1$;SSE 为残差离差平方和,自由度为 $n-p-1$;SSR 为回归离差平方和,自由度为 p。F 检验过程可在表4.2所示的方差分析表中进行。

表 4.2 线性回归方差分析表(ANOVA)

来源	平方和	自由度	均方	F 值	P 值
回归	SSR	p	SSR/p	$\dfrac{SSR/p}{SSE/(n-p-1)}$	$P(F>F_{值})$
残差	SSE	$n-p-1$	$SSE/(n-p-1)$		
总体	SST	$n-1$			

表格来源:自制

为检验回归系数显著性,需要进行 t 检验,检验假设为

$$H_0:\beta_i=0 \Leftrightarrow H_1:\beta_i\neq 0 \tag{4.10}$$

构造 t 统计量如式(4.11)。

$$t_j=\frac{\hat{\beta_j}}{\sqrt{c_{jj}}\,\hat{\sigma}} \tag{4.11}$$

式中,$\hat{\sigma}=\sqrt{\dfrac{\sum_{i=1}^{n}(y_i-\hat{y_i})^2}{n-p-1}}$ 为回归标准差,零假设成立时 $\hat{\boldsymbol{\beta}} \sim N(\boldsymbol{\beta}, \sigma^2(\boldsymbol{X}^{\mathrm{T}}\boldsymbol{X})^{-1})$,服从自由度为 $n-2$ 的 t 分布,当 $|t| \geqslant t_{\alpha/2}$,拒绝零假设,$\beta_1$ 显著不为零。

根据离差平方和分解式，SSR 越大回归效果越好，可定义决定系数 (Coefficient of Determination)R^2 来表征方程拟合效果，如式(4.12)。

$$R^2 = \frac{SSR}{SST} = \frac{\sum_{i=1}^{n}(\hat{y_i}-\bar{y})^2}{\sum_{i=1}^{n}(y_i-\bar{y})^2} \quad (4.12)$$

评估模型拟合效果的统计量还包括均方差（Mean Square Error，MSE），按式(4.13)计算。MSE 的平方根为均方根误差（Root Mean Square Error，RMSE），也称为拟合标准差。

$$MSE = \frac{SSE}{n} = \frac{1}{n}\sum_{i=1}^{n}(y_i-\hat{y_i})^2 \quad (4.13)$$

4.2.4 多项式回归

当线性回归模型中出现自变量的多次方或多个自变量乘积时，线性回归转变为多项式回归。多项式回归中多个自变量乘积称为交叉项（Cross terms），可用于分析一个自变量对另一个自变量效果的影响。如式(4.14)，自变量 x_{i1} 保持不变时，自变量 x_{i2} 增加或减少一个单位时因变量 y_i 的平均变化量为 $\beta_2+\beta_{12}x_{i1}$。因此当一个自变量对因变量的作用依赖于另一个自变量，两个自变量之间便有了一阶交叉作用，自变量的总体效应不再简单等于各个自变量的效应之和。

$$y_i = \beta_0 + \beta_1 x_{i1} + \beta_2 x_{i2} + \beta_{12} x_{i1} x_{i2} + \varepsilon_i \quad (4.14)$$

4.3 结果与讨论

采用多元线性回归分析方法评价了表 4.1 中养护措施厚度、材料、铣刨、路面承载力、交通量等因素对养护后的平整度、平整度的下降效果、平整度变化情况以及综合考虑路面使用时间及使用水平的养护效益面积的影响规律。在建立回归分析模型时，对每个因变量仅保留通过 t 检验对其有显著影响的自变量。尽管各线性回归模型的 R^2 普遍不高,仍可进行自变量影响显著性和规律性的量化。图 4.3 给出了回归结果中自变量参数估计显著性 t 检验结果以及自变量的影响规律图,图中连续型自变量影响趋势线的框线,以及名义变量影响大小标准差线为参数估计的 95% 置信区间。根据回归分析结果,可以得到以下一些结论:

(1) 图 4.3(a) 为养护后平整度回归分析结果,根据 t 检验结果显著影响因素依次为铣刨、养护前平整度、罩面厚度及路面总厚度。并且进行铣刨、较小的养护前平整度、较厚的罩面、较厚的路面总厚度(较好的路面承载力)对应的养护后平整度水平较好。

(2) 图 4.3(b) 为养护时平整度下降值回归分析结果,显著影响因素依次为养护前平整度、罩面厚度及铣刨。并且在养护前平整度较大、罩面厚度较大、进行铣刨时,养护带来的平整度降低效果较好。

(3) 图 4.3(c) 为养护后平整度增长率回归分析结果,显著影响因素依次为罩面厚度、交通量及养护前平整度。并且在罩面厚度较大、交通量低及养护前平整度较小时,养护后平整度的增长速率也较小。养护后平整度增长率与养护前平整度的显著关系说明如果养护时机较晚,养护后路面衰变的速率也较快,养护效果较差。因此,为保证养护效果,可以推算存在一个潜在的最佳养护时机。

(4) 图 4.3(d) 为养护效益面积回归分析结果,显著影响因素依次为养护前平整度、养护前平整度增长速率、养护前平整度与增长速率的乘积、罩面厚度、养护前平整度的平方项。并且在罩面厚度较大、养护前平整度增长率较高时,效益面积值越大。值得注意的是,养护前平整度与养护效益面积成开口向下抛物线关系,说明在某一养护前平整度下进行养护时能够达到最好的养护效益面积,即存在最佳的养护前路面状态或养护时机。并且由于养护前平整度与增长速率的乘积也是显著项,说明养护前平整度与增长速率都会影响这个最佳的养护前路面状态或养护时机。本书最后一章中专门阐述一种基于养护前后路面性能变化规律计算最佳养护时机的方法。

4 路面养护效果影响因素线性回归分析

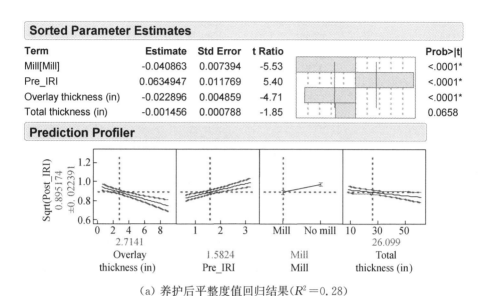

(a) 养护后平整度值回归结果($R^2=0.28$)

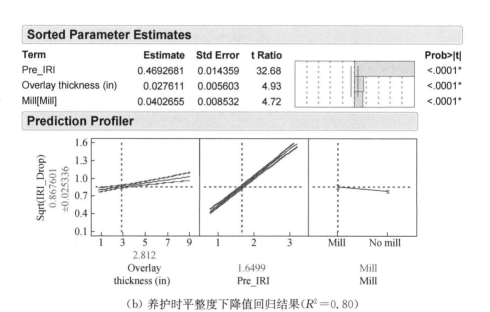

(b) 养护时平整度下降值回归结果($R^2=0.80$)

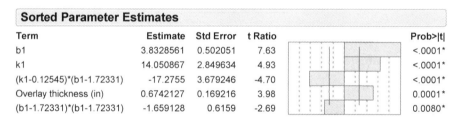

(c) 养护后平整度增长率回归结果($R^2=0.23$)

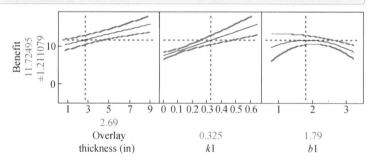

(d) 养护效益面积回归结果($R^2=0.64$)

图 4.3 不同养护效果评价指标影响因素及规律[12]

图片来源:自绘

参考文献

[1] LABI S, SINHA K C. Measures of short-term effectiveness of highway pavement maintenance [J]. Journal of Transportation Engineering, 2003, 129(6):673-683.

[2] DONG Q, HUANG B. Evaluation of effectiveness and cost-effectiveness of asphalt pavement rehabilitations utilizing LTPP data [J]. Journal of Transportation Engineering, 2011, 138(6):681-689.

[3] DONG Q, HUANG B, RICHARDS S H, et al. Cost-effectiveness analyses of maintenance treatments for low-and moderate-traffic asphalt pavements in Tennessee [J]. Journal of Transportation Engineering, 2013, 139(8):797-803.

[4] LABI S, LAMPTEY G, KONDURI S, et al. Part 1: Pavement Management: Analysis of Long-Term Effectiveness of Thin Hot-Mix Asphaltic Concrete Overlay Treatments[J]. Transportation Research Record, 2005, 1940(1):1-12.

[5] LABI S, LAMPTEY G, KONG S-H. Effectiveness of microsurfacing treatments[J]. Journal of Transportation Engineering, 2007, 133(5):298-307.

[6] LABI S, SINHA K C. Effectiveness of highway pavement seal coating treatments[J]. Journal of Transportation Engineering, 2004, 130(1):14-23.

[7] WANG H, WANG Z. Evaluation of pavement surface friction subject to various pavement preservation treatments[J]. Construction and Building Materials, 2013(48):194-202.

[8] CHEN, D, LIN D, LUO H. Effectiveness of preventative maintenance treatments using fourteen SPS-3 sites in Texas[J]. Journal of

Performance of Constructed Facilities, 2003, 17(3): 136 – 143.

[9] IRFAN M, KHURSHID M B, LABI S. Determining the Service Life of Thin Hot-Mix Asphalt Overlay by Means of Different Performance Indicators [J]. Transportation Research Record, 2009, 2108(1):37 – 45.

[10] WANG Y, WANG G, MASTIN N. Costs and Effectiveness of Flexible Pavement Treatments: Experience and Evidence[J]. Journal of Performance of Constructed Facilities, 2011, 26(4):516 – 525.

[11] RAJAGOPAL A, GEORGE K. Pavement maintenance effectiveness [J]. Transportation Research Record, 1990(1276).

[12] DONG Q, HUANG B. Evaluation of effectiveness and cost-effectiveness of asphalt pavement rehabilitations utilizing LTPP data[J]. Journal of Transportation Engineering, 2011, 138(6): 681 – 689.

5 路面坑洞修补耐久性逻辑回归分析

5.1 背景与数据

路面性能数据分析中,除了常见的路面性能指标等连续性变量外,还存在大量的类型变量,例如是否出现某种病害,是否低于性能指标的下阈值等。由于路面病害发展的高度非线性,难以用回归分析拟合衰变曲线,为了分析不同因素对路面病害发展的影响,可以选取某个病害阈值作为判断标准,以病害水平是否达到该阈值这种"0－1"二项分布变量作为因变量进行分类回归分析。这种分类问题在数据挖掘与机器学习非常普遍,而其中最简单的方法就是逻辑回归。在交通领域,逻辑回归已被广泛地用于预测是否会发生交通事故[1-2]。道路工程中,逻辑回归也被用于分析路面是否出现病害等问题[3-4],香港理工大学的王予红教授也曾采用有序逻辑回归研究了LTPP数据库中沥青罩面的开裂情况。

本章将分析采用逻辑回归研究不同路面坑洞修补方法的耐久性。在冬季易出现冻融坑洞时,在6个路段上共填补了65个坑洞,对其进行了超过一年的跟踪观测。4种路面坑洞修补材料包括:一种HMA热拌沥青混合料,两种挥发速率较快的细级配(2.38～4.75 mm)稀释沥青冷补料(Cold bag A 和 Cold bag B),以及一种挥发速率较慢的开级配(4.75～9.5 mm)稀释沥青冷补料(Cold dump)。图5.1为自变量散点图,包括坑洞所在路段的地形、补丁长度、宽度、深度,车速、年平均日交通量,累计冻融次数及每次观测的时间。

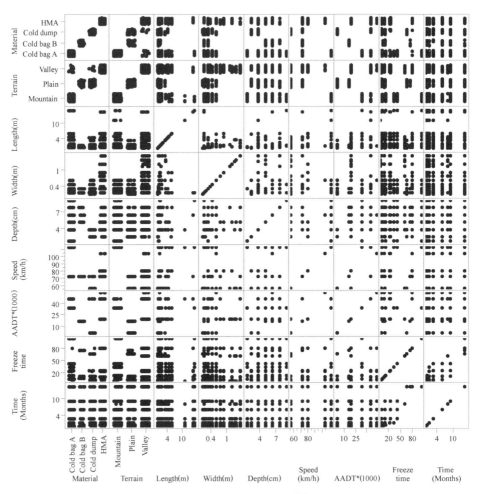

图 5.1 自变量分布散点图[5]

5.2 逻辑回归模型

5.2.1 回归方程

对于因变量为"0—1",自变量线性回归 **βX** 预测值为($-\infty \sim +\infty$)的分类问题,可采用 Sigmoid 函数转换因变量,再建立转换后的因变量与自变量间的线性关系。逻辑回归模型如式(5.1),其中$\frac{p}{1-p}$为发生比(Odds),是事件发生与不发生的概率之比。

$$\ln\left(\frac{p}{1-p}\right)=\beta_0+\beta_1 x_1+\beta_2 x_2+\cdots+\beta_p x_p \tag{5.1}$$

式中,β_0——常数项;

$\beta_0, \beta_1, \beta_2, \cdots, \beta_p$——逻辑回归模型的回归系数,回归系数的意义是当$x_i$增加一个单位时,事件发生的概率的变化情况,如式(5.2)。式(5.3)也称为发生比率(Odds Ratio)。

$$\ln(\mathrm{Odds}_{x_{i+1}})=\ln(\mathrm{Odds}_{x_i})+\beta_i \tag{5.2}$$

$$\frac{\mathrm{Odds}_{x_{i+1}}}{\mathrm{Odds}_{x_i}}=e^{\beta_i} \tag{5.3}$$

5.2.2 参数估计

一般采用极大似然方法估计逻辑模型。设 y 是 0—1 型变量,$x_1, x_2, \cdots, x_k$是与 y 相关的自变量,n 组观测数据为$(x_1, x_2, \cdots, x_k; y_i)$,$i=1, 2, 3, \cdots, n$。$y_1, y_2, \cdots, y_k$的似然函数为式(5.4)。

$$L=\prod_{i=1}^{n} p(y_i)=\prod_{i=1}^{n} p(x_i)^{y_i}[1-p(x_i)]^{1-y_i} \tag{5.4}$$

使得对数似然函数最大化的估计值$\hat{\beta}_0, \hat{\beta}_1, \hat{\beta}_2, \cdots, \hat{\beta}_k$,就是极大似然估计,如式(5.5)。

$$\ln(L) = \sum_{i=1}^{n} [y_i(\beta_0 + \beta_1 x_{i1} + \beta_2 x_{i2} + \cdots + \beta_k x_{ik}) \\ - \ln(1 + e^{\beta_0 + \beta_1 x_{i1} + \beta_2 x_{i2} + \cdots + \beta_k x_{ik}})] \tag{5.5}$$

5.2.3 模型评价

逻辑回归模型的拟合效果可用多种统计量来评估,包括 Cox 和 Snell 的 R_{CS}^2、Nagelkerke 的 R_N^2、Wald 统计量、AIC、BIC 等。其中,R_{CS}^2 是在似然值基础上模仿线性回归的 R^2 的变量,按式(5.6)计算。

$$R_{CS}^2 = 1 - \left(\frac{l(0)}{l(\hat{\beta})}\right) \tag{5.6}$$

式中,$l(0)$ 和 $l(\hat{\beta})$——分别表示初始模型和当前模型似然值。

Nagelkerke 把 R_{CS}^2 除以它的最大值得到 R_N^2 来评估,使得取值范围在 0~1 之间,如式(5.7)。

$$R_N^2 = \frac{R_{CS}^2}{\max(R_{CS}^2)} = \frac{R_{CS}^2}{1-[l(0)]^2} \tag{5.7}$$

Wald 统计量也可用于检验回归系数是否为零,即判断一个变量是否应该包含在模型中,其检验步骤与线性回归中的参数 t 检验类似:首先提出假设,构造 Wald 统计量,再作出统计判断。

Akaike 信息准则(AIC)和 Bayesian 信息准则(BIC)均基于对数似然函数,分别按式(5.8)和式(5.9)计算。

$$AIC = -2\log Likelihood + 2k \tag{5.8}$$
$$BIC = -2\log Likelihood + k\ln(n) \tag{5.9}$$

式中,k——估计参数的个数;

n——观测样本数。

通常选择多个模型中 AIC 最小的或两个模型中 BIC 较小的那个。

5.3 结果与讨论

本逻辑回归的因变量为"0-1"二项分布,0 代表修补已被重新修复,1

5　路面坑洞修补耐久性逻辑回归分析

代表修补仍在服役中。表5.1给出了回归模型中各参数估计及显著性检验结果。图5.2给出了自变量的影响规律。可以看出冰冻次数、车速、时间、修补材料的P值小于0.05,对修补是否仍在服役这一状态有显著影响。修补的长度与宽度的P值接近0.05,可认为对其是否服役为边缘显著。修补的深度和交通量水平影响不显著。参数估计为正说明该变量与耐久性正相关。可以看出冰冻次数高、时间久、车速快、面积大的修补趋于失效,使用热拌沥青混合料和Cold bag B材料的效果较好。

表5.1　逻辑回归参数估计[5]

自变量	参数估计	P值
Material[HMA]	—	—
Material[Cold bag A]	−6.428	0.033 2 *
Material[Cold bag B]	17.651	<0.000 1 *
Material[Cold dump]	−4.298	0.675 2
Length	−0.127	0.058 1
Width	−1.594	0.064 9
Depth	0.158	0.198 3
Speed	−0.109	<0.000 1 *
AADT	−0.011	0.613 7
Freeze	−0.090	<0.000 1 *
Time	−0.288	0.000 3 *

注:* 表示P值小于0.05,变量有显著影响。

表格来源:自制

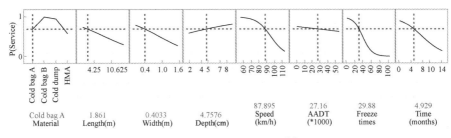

图5.2　自变量影响规律[5]

图片来源:自绘

参考文献

[1] DONNELL E T, MASON J M. Predicting the severity of median-related crashes in Pennsylvania by using logistic regression[J]. Statistical Methods and Safety Data Analysis and Evaluation, 2004(1897):55-63.

[2] RADUN I, SUMMALA H. Sleep-related fatal vehicle accidents: Characteristics of decisions made by multidisciplinary investigation teams[J]. Sleep, 2004, 27(2):224-227.

[3] HAIDER S W, CHATTI K. Effect of design and site factors on fatigue cracking of new flexible pavements in the LTPP SPS-1 experiment[J]. International Journal of Pavement Engineering, 2009, 10(2):133-147.

[4] HAIDER S W, CHATTI K, BUCH N, et al. Statistical analysis of in-service pavement performance data for LTPP SPS-1 and SPS-2 experiments[J]. Journal of Transportation Engineering-Asce, 2007, 133(6):378-388.

[5] DONG Q, DONG C, HUANG B. Statistical analyses of field serviceability of throw-and-roll pothole patches[J]. Journal of Transportation Engineering, 2015, 141(9): 04015017.

6 路面裂缝产生及扩展零膨胀模型

6.1 背景与数据

路面或养护措施在使用初期并不会产生病害,因此统计结果中包含大量的零。这些零值的存在导致难以建立回归模型。Madanat 曾使用一种组合模型来描述路面裂缝的产生与发展,用一个 Probit 模型描述裂缝产生,再用对数广义线性模型来描述裂缝的扩展[1]。实际上,在很多领域的数据分析中都存在大量零值的情况,例如统计交通事故时,会发现在大部分时段、路段或者场景中没有发生事故。对于观测结果中大量的零值,传统泊松或负二项分布拟合也难以给出正确的预测结果。本章介绍采用一种零膨胀模型来拟合路面裂缝的产生与发展,并分析量化相关因素的影响。研究中选取了 LTPP 数据库 SPS-5 项目的数据,表 6.1 为变量定义与统计描述。

表 6.1 变量统计描述

变量	定义	最小值	最大值	平均值	标准差
Ncrack	横向裂缝条数	0	166	13	27
Age	罩面使用时间(a)	0.3	17.3	7.3	4.1
Mill	是否铣刨,1 代表是,0 代表否	0	1	—	—
RAP	材料类型,1 代表包含再生料,0 代表无	0	1	—	—

续表

变量	定义	最小值	最大值	平均值	标准差
Othick	罩面厚度(in)	1	7.9	4.5	1.7
kESAL	年平均标准轴载次数($\times 10^3$)	49	1024.8	299.8	286.6
Tthick	路面总厚(in)	9.8	78	29	10
Freeze	冰冻指数(℃-days),一年零度以下天数的温度绝对值之和	0	1370	170	326

SPS-5包含了北美18个州的试验路段。但由于明尼苏达、俄克拉何马以及加拿大的马尼托巴仅记录了一次观测数据,因此没有包括在分析中。此外,18个州中只有8个州记录了沥青性能信息,并且由于沥青针入度等指标与路段所在地的气候环境密切相关(图6.1),因此沥青材料信息并未包括在分析中。最终分析数据中包括723个样本,由于大量路段在观测初期无横向裂缝出现,由图6.2所示分布直方图可见其中包括近600个零值样本。

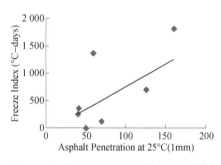

图6.1 沥青针入度与冰冻指数相关性[2]

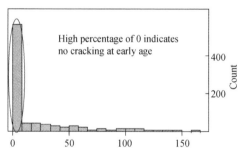

图6.2 裂缝数量因变量分布[2]

6.2 零膨胀模型

6.2.1 零膨胀负二项模型

1960年代,Johnson和Kotz注意到了因变量中包含较高比例零的情况,称之为"零膨胀(Zero-Inflated)"现象。直到1986年,才有学者提出了解决针对经济学领域的"零膨胀"现象的模型——Hurdle 模型。零膨胀计数模型实际上就是一种针对零较多且符合等离散的泊松分布模型或过离散的负二项分布模型的数据进行拟合的复合计数模型。它的本质是一个混合模型:描述事件是否发生的逻辑回归模型,以及事件发生次数的泊松或负二项分布模型。零膨胀模型的复合概率分布如式(6.1)。

$$y_i \sim \begin{cases} 0 & p_i \\ g(y_i) & 1-p_i \end{cases} \quad (6.1)$$

式中,p_i——贝努利过程中事件 0 发生的概率,也就是"过多零"发生的概率;

$g(y_i)$——第二个过程的概率密度函数,服从泊松或者负二项分布。

观察值中的零一部分来自那些始终不可能发生事件的个体,概率为 p_i;而另一部分来自泊松分布或者负二项分布理论的计数值 0。因此,$Y=y_i$ 的概率密度如式(6.2)。

$$p(y_i|x_i) = \begin{cases} p_i + (1-p_i)g(0), & y_i=0 \\ (1-p_i)g(y_i), & y_i>0 \end{cases} \quad (6.2)$$

Greene 提出了零膨胀负二项模型(Zero-Inflated Negative Binomial,ZINB),并用一种 BHHH 极大似然法估计模型参数的标准误差。负二项分布的概率分布如式(6.3)。

$$P(y) = (-1)^k \begin{bmatrix} -r \\ k \end{bmatrix} p^k (1-p)^{n-k}, k=0,1,\cdots,n \quad (6.3)$$

对于观测值 (y_i, x_i),$y_i \sim \text{Negbin}(\mu_i, \alpha)$,期望为 μ_i,方差为 $\mu_i + \alpha \mu_i^2$,可见其方差与期望的比值为 $1+\alpha \mu_i$,说明已经允许部分过度离散,其概率分布如式(6.4)。

$$g(y_i) = \frac{\Gamma(y_i + \alpha^{-1})}{y_i! \, \Gamma(\alpha^{-1})} \left(\frac{\alpha^{-1}}{\mu_i + \alpha^{-1}}\right)^{\alpha^{-1}} \left(\frac{\mu_i}{\mu_i + \alpha^{-1}}\right)^{y_i} \quad (6.4)$$

负二项模型如式(6.5),其中 x_i 为自变量,β 为参数估计。

$$\mu_i = E(y_i) = e^{x_i^T \beta} \quad (6.5)$$

零膨胀负二项(ZINB)模型的概率分布如式(6.6)。

$$(y_i|x_i,w_i)=\begin{cases}p_i+(1-p_i)(1+\alpha\mu_i)^{-\alpha^{-1}}, & y_i=0\\ p_i+(1-p_i)\dfrac{\Gamma(y_i+\alpha^{-1})}{y_i!\ \Gamma(\alpha^{-1})}\left(\dfrac{\alpha^{-1}}{\mu_i+\alpha^{-1}}\right)^{\alpha^{-1}}\left(\dfrac{\mu_i}{\mu_i+\alpha^{-1}}\right)^{y_i} & y_i>0\end{cases}$$

(6.6)

6.2.2 参数估计及模型评价

零膨胀模型采用极大似然法进行参数估计,其对数似然函数如式(6.7)。

$$\ln(L)=\sum_{i=1}^{n}\ln\left[p(y_i\mid x_i,z_i)\right] \quad (6.7)$$

在检验两个模型(模型1和模型2,有先后顺序)的解释能力时,除了采用 AIC 和 BIC 检验外,还推荐采用 Vuong 检验[3]。Vuong 检验关键是构造 z 统计量,如果 z 统计量显著为正,则说明模型1的解释能力更强,如果显著为负,则说明 2 的解释能力更强,如果不显著异于 0,则无法区分两个模型的解释能力。Vuong 统计量按式(6.8)和式(6.9)计算。

$$m_i=\ln\left(\dfrac{p_1(y_i|x_i)}{p_2(y_i|x_i)}\right) \quad (6.8)$$

$$V=\dfrac{\sqrt{n}\left(\dfrac{1}{n}\sum_{i=1}^{n}m_i\right)}{\sqrt{\dfrac{1}{n}\sum_{i=1}^{n}(m_i-\bar{m})^2}} \quad (6.9)$$

式中,$p_1(y_i|x_i)$——分别为第一个与第二个模型预测样本 i 为非零数值的概率;

V——Vuong 统计量。

如果 $V>1.96$,优先选择第一个模型,如果 $V<-1.96$,优先选择第二个模型。

6.3 结果与讨论

本章构建了负二项与零膨胀负二项模型,基于极大似然估计,利用牛顿迭代法估计模型参数。首先检查一下模型的拟合效果。两个模型的拟合度比较如表6.2,可以看出ZINB模型的AIC和BIC值较小,Vuong检验结果为ZINB:NB=5.3>1.96,说明第一个模型ZINB更适合于拟合横向裂缝出现及发展情况。

表6.2 NB与ZINB模型结果比较[2]

Model	log-likelihood	AIC	BIC
NB	−1 777	3 571	3 612
ZINB	−1 724	3 471	3 526

表格来源:自制

图6.3给出了NB和ZINB模型预测结果及原始观测结果的对比。由于每个路段上超过10条横向裂缝的情况较少,图中给出了NB和ZINB模型对裂缝数量0到10样本的预测结果以及原始观测数据。可以看出ZINB模型预测概率与实际观测结果更加接近,尤其是在低裂缝数区域,即裂缝数为0和1的区域。NB模型预测零裂缝的概率较低,但

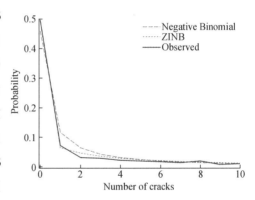

图6.3 模型预测结果及原始观测结果的对比[2]

图片来源:自绘

裂缝数为1和2的概率更高。两种模型对超过5条以上裂缝数的预测差别不大。总体而言ZINB模型优于NB模型。

表6.3给出了参数估计结果。ZINB模型的参数估计逻辑回归与负二项包括两部分,分别对应裂缝的出现与发展。首先,离散参数α为1.5,P值小于0.001,说明因变量过度离散性较大,因此采用零膨胀模型是有必要的。在逻辑回归部分,沥青罩面服役时间Age与是否铣刨Mill两个自变量的P值均远小于0.05,说明其对横向裂缝是否出现具有显著影响。服役时间Age的参数估计为−0.47,说明随着服役时间增加,无裂缝的概率降低。是

否铣刨 Mill 的参数估计为 1.02,说明铣刨后无裂缝的概率增加。这与大部分研究结果吻合[4]。

负二项部分的参数估计的意义是自变量增加时预测的裂缝数量均值的变化。可以看出,罩面服役时间 Age、是否铣刨 Mill、是否使用回收料 RAP、交通量 kESAL 和罩面厚度 Overthick 的 P 值远小于 0.05,对横向裂缝数量有显著影响。而沥青面层总厚 Tthick 和冰冻指数 Freeze 的 P 值较大,对横向裂缝数量影响并不显著。这是因为全厚式沥青路面表面横向裂缝主要是由于沥青老化及温度收缩导致。沥青面层总厚与路面结构承载力有关,对路表横向裂缝影响不大。冰冻指数影响不显著的潜在原因是冰冻严重的地区沥青等级高,抗裂性较好。

表 6.3　ZINB 模型及逻辑回归模型参数估计[2]

	变量	自由度	参数估计	标准差	t 值	P 值
零膨胀负二项回归	Intercept	1	0.568 322	0.271 683	2.09	0.036 5
	Age	1	0.231 512	0.023 057	10.04	<0.000 1
	kESAL	1	0.002 362	0.000 298	7.93	<0.000 1
	RAP	1	0.925 781	0.140 737	6.58	<0.000 1
	Overthick	1	−0.363 469	0.050 012	−7.27	<0.000 1
	Mill	1	−0.249 795	0.169 754	−1.47	0.141 2
	Tthick	1	0.009 745	0.006 375	1.53	0.126 4
	Freeze	1	0.000 371	0.000 826	0.45	0.653 5
逻辑回归	Inf_Intercept	1	1.821 757	0.394 204	4.62	<0.000 1
	Inf_Age	1	−0.465 431	0.068 675	−6.78	<0.000 1
	Inf_Mill	1	1.017 097	0.310 738	3.27	0.001 1
	α_Alpha	1	1.500 326	0.190 515	7.88	<0.000 1

表格来源:自制

图 6.4 为其他各变量取均值时,不同服役时间、罩面厚度及交通量对应的裂缝数量,可以看出较厚的罩面显著降低了裂缝数量,而使用再生料裂缝数量几乎增加了一倍。

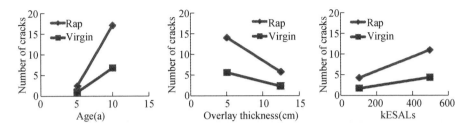

图 6.4 不同变量对裂缝数量影响[2]

图片来源:自绘

参考文献

[1] MADANAT S, BULUSU S, MAHMOUD A. Estimation of Infrastructure Distress Initiation and Progression Models[J]. Journal of Infrastructure Systems,1995,1(3):146-150.

[2] DONG Q, JIANG X, HUANG B, et al. Analyzing influence factors of transverse cracking on LTPP resurfaced asphalt pavements through NB and ZINB models[J]. Journal of Transportation Engineering,2013,139(9):889-895.

[3] VUONG Q H. Likelihood ratio tests for model selection and non-nested hypotheses[J]. Econometrica:Journal of the Econometric Society,1989,57(2):307-333.

[4] DONG Q, HUANG B. Evaluation of influence factors on crack initiation of LTPP resurfaced-asphalt pavements using parametric survival analysis[J]. Journal of Performance of Constructed Facilities,2012,28(2):412-421.

7 基于生存分析的路面失效概率

7.1 背景与数据

数据采集需要长时间的观测,但由于观测时间是有限的,因此存在观测窗口期内事件是否发生的问题。观测窗口期内没有观测到事件发生会造成数据删失。在路面性能检测评估中常会出现数据删失的现象。例如在 8 年观测期内,30 个养护路段中的 20 个路段被重新养护,剩余 10 个路段还在服役中,此时还难以计算出该养护措施的平均服役时间,只能计算出养护路段仍在服役的比例。

早在 1969 年,Winfrey 就讨论了路面性能经验模型中应考虑删失数据[1]。1986 年,世界银行在 HDM-III 路面管理系统软件中使用了生存分析模型[2]。美国得州大学奥斯汀分校的 Prozzi[3],日本学者 Shin 等[4]认为生存模型比 AASHO 的原始模型效果更好。Loizos 和 Hong 等人采用生存模型分析了路面裂缝的出现[5-6]。Wang 等人以路面疲劳裂缝的快速出现为阈值研究了路面失效时间问题[7]。近年来参数法生存分析模型越来越多地被用于研究路面病害出现时间、服役时间或疲劳裂缝大量出现的时间[7,8-10]。

本章选取 LTPP 数据库中沥青路面预防性养护项目[11],采用生存分析方法研究不同因素对路面失效概率的影响。预防性养护技术主要通过密封路面、修复开裂、提高抗滑等来恢复路面功能性,并不增加结构强度[12]。LTPP

7 基于生存分析的路面失效概率

数据库中记录了4种罩面类预防性养护措施：厚度为3 cm (1.2 in)的薄层沥青罩面(AC overlays)；喷洒乳化沥青后撒布碎石，并将碎石的50%~70%压入沥青层的碎石封层(Chip seal)；由细集料、乳化沥青及矿粉制成的细级配稀浆封层(Slurry seal)；以及只喷洒一层沥青的雾封层(Fog seal)。

以平整度、龟裂、轮迹带纵向裂缝、横向裂缝、车辙深度和摩擦系数6个路面性能指标来研究4种罩面类预防性养护措施服役时间。性能指标阈值参考 MEPDG 力学经验设计法[12-13]，如表7.1所示。其中，平整度为单位里程路面竖向偏差和，直接影响了行车舒适性与燃油消耗。龟裂为交通荷载反复作用导致的"Bottom-up"网状疲劳开裂，代表路面晚期破坏。轮迹带纵向裂缝是一种出现在轮胎作用区域两侧的"Top-down"纵向疲劳开裂，代表轮迹带出先出现的早期疲劳开裂，主要由表面拉应力及剪切破坏导致。横向裂缝主要为温缩开裂，也反映了沥青混合料的老化。车辙为轮迹带处沥青混合料的塑性变形，一般超过6 mm的时候就有可能发生水漂滑移的危险[14]。摩擦系数的降低主要是由于集料磨光或泛油，随着对交通安全的重视，也逐渐成为触发再次养护的性能指标之一。

表7.1　MEPDG 推荐的路面性能指标阈值

路面性能指标	路面设计阈值
平整度	3.14 m/km [15]
龟裂	20% 轮迹带面积
轮迹带纵向裂缝	132.6 m/km
横向裂缝	132.6 m/km
车辙深度	12.5 mm
摩擦系数	35

表格来源：自制

本章分析中考虑的自变量包括代表4种预防性养护措施的名义变量 Treatment、年平均标准轴载次数 kESAL，路面结构系数 Structural Number，路面冰冻指数 Freeze Index 和年平均降雨量 Precipitation。还包括与因变量对应的养护前的路面性能状态,例如养护前的平整度、龟裂、纵向横向裂缝等指标。由于车辙与摩擦系数两项指标养护前数据量较少,针对二者的模型中没有包括该变量。自变量分布散点图如图 7.1 所示。

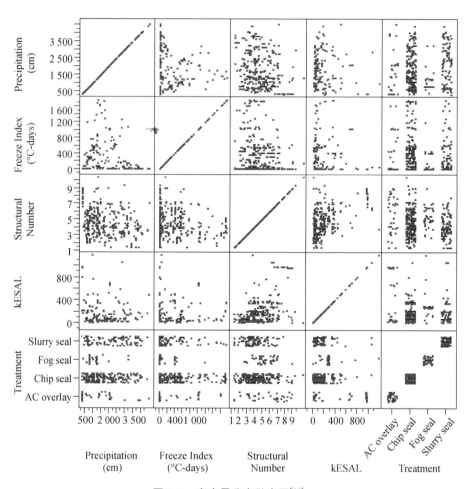

图 7.1 自变量分布散点图[16]

图片来源:自绘

7.2 生存分析

7.2.1 删失数据

生存分析源于医学研究中对病人状况的普查(Censor)结果分析，生存时间包括完全数据(Completed Data)与不完全数据(Incomplete Data)两种类型。完全数据是观察到事件从起点至终结所经历的时间。不完全数据是未观察到事件终结的时间，观察过程的截止不是由于失效事件，而是其他原因。如图7.2，最典型的不完全数据是删失数据(Censored Data)，常见的删失数据是只知道实际寿命大于某数的右删失(Right Censoring)数据。

图 7.2 右删失数据

图片来源：自绘

7.2.2 描述函数

生存函数(Survival Function)$S(t)$是个体生存时间T大于某时刻t的概率，又称生存率(Survival Rate)$P(T>t)$，如式(7.1)。

$$S(t)=\frac{t\text{时刻尚存活的例数}}{\text{期初观察例数}} \tag{7.1}$$

失效函数(Failure Function)$F(t)$是个体生存时间T不大于某时刻t的概率，即$P(T\leqslant t)$，如式(7.2)。

$$F(t)=\frac{t\text{时刻失效的例数}}{\text{期初观察例数}} \tag{7.2}$$

概率密度函数$f(t)$是个体每时刻死亡的概率，如式(7.3)。

$$f(t)=\lim_{\Delta t\to 0}\frac{\text{个体在}[t,t+\Delta t]\text{内失效的概率}}{\Delta t} \tag{7.3}$$

危险函数(Hazard Function)$h(t)$是生存到时刻t的个体在时刻t的瞬时失效率，如式(7.4)。

$$h(t)=\lim_{\Delta t\to 0}\frac{\text{已活过}t\text{时间的个体在}[t,t+\Delta t]\text{内失效的概率}}{\Delta t} \tag{7.4}$$

累计危险函数 $H(t)$ 如式(7.5)。

$$H(t) = \int_0^t h(u)\mathrm{d}u \tag{7.5}$$

显然这些描述函数存在以下关系:

$$S(t) = 1 - F(t) = \int_t^\infty f(u)\mathrm{d}u \tag{7.6}$$

$$f(t) = F'(t) \tag{7.7}$$

$$h(t) = \frac{f(t)}{S(t)} = \frac{\partial \ln S(t)}{\partial t} \tag{7.8}$$

$$H(t) = -\ln S(t) \tag{7.9}$$

$$S(t) = \mathrm{e}^{-H(t)} = \mathrm{e}^{-\int_0^t h(u)\mathrm{d}u} \tag{7.10}$$

根据获取以上几种生存分析描述函数的方法,可将生存分析分为以下几种:

(1) 描述法:根据观察结果直接计算每个时间点或时间区间上的生存函数、死亡函数、风险函数等,采用图表表示生存时间分布规律。

(2) 非参数法:估计生存函数时对生存时间的分布没有要求,采用非参数检验方法检验危险因素对生存时间的影响。常用的非参数方法包括:乘积极限法(Product-Limit Method)和寿命表法(Life Table)。

(3) 半参数法:不需要对生存时间的分布做出假定,通过一个模型来分析生存时间的分布规律,以及危险因素对生存时间的影响,最著名的是 Cox 回归。

(4) 参数法:根据观察结果估计假定分布模型中的参数,获得生存时间的概率分布模型。生存时间经常服从的分布有:指数分布、Weibull 分布、对数正态分布、Logistic 分布、Gamma 分布。

7.2.3 威布尔生存模型

威布尔生存模型是参数法生存分析的一种。威布尔分布由瑞典科学家 Waloddi Weibull 提出,威布尔模型的概率密度函数、失效函数、生存函数与危险函数如式(7.11)~式(7.14)。

$$f(t)=\lambda\gamma t^{\gamma-1}\mathrm{e}^{-\lambda t^{\gamma}} \tag{7.11}$$

$$F(t)=1-\mathrm{e}^{-\lambda t^{\gamma}} \tag{7.12}$$

$$S(t)=\mathrm{e}^{-\lambda t^{\gamma}} \tag{7.13}$$

$$h(t)=\gamma t^{\gamma-1} \tag{7.14}$$

其中,λ 决定分布的分散度;γ 决定该分布的形态。$\gamma>1$ 时风险函数随时间单调递增;$\gamma<1$ 时风险函数随时间单调递减;$\gamma=1$ 时,风险不随时间变化。在威布尔回归模型中,假设风险函数与影响因素间的关系为指数关系,如式(7.15)。

$$\ln(\lambda)=\beta_0+\beta_1 x_1+\beta_2 x_2+\cdots+\beta_p x_p \tag{7.15}$$

风险函数为式(7.16)。

$$h(t)=\gamma t^{\gamma-1}\mathrm{e}^{\beta_0+\beta_1 x_1+\beta_2 x_2+\cdots+\beta_p x_p} \tag{7.16}$$

基准风险为式(7.17)。

$$h_0(t)=\gamma t^{\gamma-1}\mathrm{e}^{\beta_0} \tag{7.17}$$

相应 t 时刻的生存率为式(7.18)。

$$S(t)=\mathrm{e}^{-t^{\gamma}\mathrm{e}^{\beta_0+\beta_1 x_1+\beta_2 x_2+\cdots+\beta_p x_p}} \tag{7.18}$$

为选择合适的风险函数,需要判定生存时间的分布情况,可通过直接检验样本分布或拟合模型的 AIC 或 BIC 来判定。

7.3 结果与讨论

分析中,当某一年路面性能到达阈值时,认为预防性养护措施失效,记录当前时间为该样本生存时间,删失状态记为1;若在观测期内路面性能均未达到阈值,记录最后一次观测时间为该样本生存时间,删失状态记为0。6种性能指标对应的生存概率如图7.3所示。从图中可见,生存概率随养护措施服役时间增长而快速下降。横向裂缝生存概率下降速率最快,其次是纵向轮迹带处裂缝、摩擦系数、车辙、龟裂与平整度。

选择合适分布是进行生存分析的关键。表7.2中给出了采用不同分布的风险方程拟合时的 AIC_c 值。AIC_c 估计了基于实际数据的似然方程与拟合模型似然方程之间的相对距离,较小的 AIC_c 说明该风险方程与实际分布更加接近。可以看出平整度更接近 Weibull 分布,说明平整度的失效概率随时间增加而单调增加。三种裂缝更接近 Lognormal 分布,说明其失效概率随着时间增加先增加到一个峰值,然后开始下降。车辙与摩擦系数更接近 Exponential 分布,说明其失效概率随时间增加变化很小。另外,实际上几种风险方程的 AIC_c 值差别不大,说明其失效概率基本随时间变化并不明显。

表 7.2 采用不同分布时的 AIC_c 值

风险方程	Exponential 分布	Weibull 分布	Lognormal 分布
平整度	254.9	253.6	253.7
龟裂	169.7	170.4	169.2
纵向裂缝	478.7	476.4	469.0
横向裂缝	746.5	743.3	729.1
车辙	327.0	329.1	328.3
摩擦系数	189.7	191.0	190.7

生存模型拟合结果如表 7.3 及图 7.4 所示。除了缺失的数据,养护前的路面状况是影响养护后路面生存概率最显著的因素,P 值均小于 0.0001。对于养护后的平整度失效概率,养护前平整度成了唯一的显著因素,说明这几种较薄的预防性养护措施对路面平整度改善效果较小。龟裂的显著影响因素还包括结构系数,龟裂实际上是一种路面服役晚期出现的自下而上的面层疲劳开裂,因此与路面承载力密切相关。而纵向疲劳裂缝以早期轮迹带处自上而下的开裂为主,因此结构承载力关系不显著。柔性路面的横向裂缝以温缩裂缝为主,因此两个气候变量均为显著,此外较差的结构承载力也会加速横向裂缝的出现与发展。降雨对车辙也有显著的影响,降雨较多的地区车辙失效概率较大,可能是水损坏对车辙病害的加剧作用。摩擦系数的显著影响因素较多,包括降雨量、冰冻指数、交通量与养护措施。

7 基于生存分析的路面失效概率

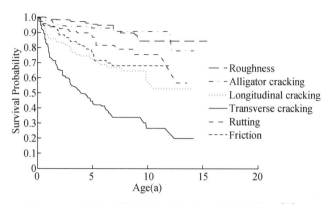

图 7.3　不同路面性能的生存概率随时间变化情况[16]

图片来源：自制

表 7.3　各生存分析模型的自变量 P 值[16]

自变量	平整度	龟裂	纵向裂缝	横向裂缝	车辙	摩擦系数
Precipitation(cm)	0.75	0.3	0.87	0.07*	0.045	0.006 8
Freeze Index(°C-days)	0.61	0.72	0.2	<0.000 1	0.61	0.039
Structural Number	0.45	0.016	0.34	0.012	0.12	0.24
kESAL	0.2	0.86	0.19	0.53	0.5	0.000 4
Pre_treatment	<0.000 1	<0.000 1	<0.000 1	<0.000 1	缺失	缺失
Treatment	0.44	0.013	<0.000 1	0.000 1	0.05	0.007 9

表格来源：自制

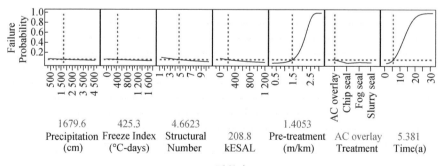

(a) 平整度

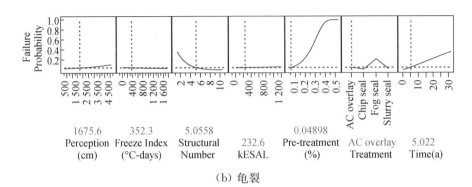

(b) 龟裂

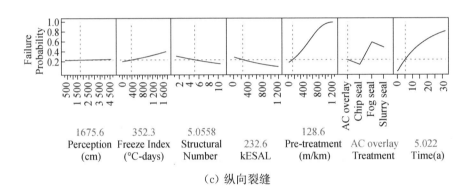

(c) 纵向裂缝

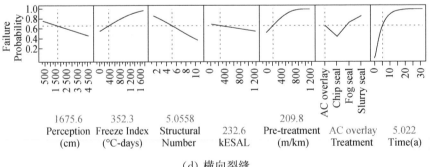

(d) 横向裂缝

7 基于生存分析的路面失效概率

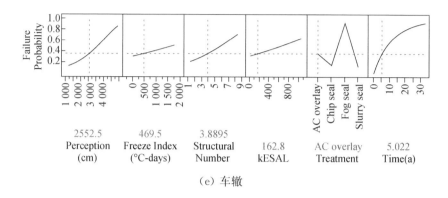

（e）车辙

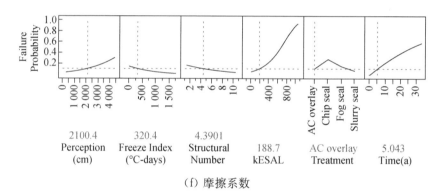

（f）摩擦系数

图7.4 基于生存分析的路面失效概率及影响因素[16]

图片来源：自制

参考文献

[1] WINFREY R. Economic analysis for highways[M]. Scranton Pennsy Lvania：International Textbook Company，1969.

[2] PATERSON W，CHESHER A D. On predicting pavement surface distress with empirical models of failure times[J]. Transportation Research Record，1986，1095(1)：45－46.

[3] PROZZI J A，MADANAT S M. Using duration models to analyze

experimental pavement failure data[J]. Transportation Research Record, 2000, 1699(1):87-94.

[4] SHIN H C, MADANAT S. Development of a stochastic model of pavement distress initiation[J]. Doboku Gakkai Ronbunshu, 2003, 2003(744):61-67.

[5] LOIZOS A, KARLAFTIS M G. Prediction of pavement crack initiation from in-service pavements: A duration model approach[J]. Transportation Research Record, 2005, 1940(1):38-42.

[6] HONG F, ROSALES-HERRERA V I, PROZZI J A. Development of asphalt pavement transverse crack initiation models based on LTPP data[C]. Transportation Research Board, No. 08-2543, 2008.

[7] WANG Y, MAHBOUB K C, HANCHER D E. Survival analysis of fatigue cracking for flexible pavements based on long-term pavement performance data[J]. Journal of Transportation Engineering, 2005, 131(8):608-616.

[8] DONG Q, HUANG B. Evaluation of Influence Factors on Crack Initiation of LTPP Resurfaced Asphalt Pavements Using Parametric Survival Analysis[J]. Journal of Performance of Constructed Facilities, 2014, 23(2):123-128.

[9] CHEN C, CHRISTOPHER W R, MARASINGHE M G, et al. Assessment of Composite Pavement Performance by Survival Analysis [J]. Journal of Transportation Engineering. 2015, 141(9):04015018.

[10] PROZZI J A, MADANAT S M. Using duration models to analyze experimental pavement failure data[J]. Transportation Research Record, 2000, 1699(1): 87-94.

[11] HANNA A N, TAYABJI S D, MILLER J S. SHRP-LTPP specific pavement studies: Five-year report[M]. Washington D. C.: Federal

Highway Administration, 1994.

[12] PESHKIN D G, HOERNER T E, ZIMMERMAN K A. Optimal timing of pavement preventive maintenance treatment applications [R]. Transportation Research Board, 2004.

[13] NCHRP. Guide for Mechanistic-Empirical Design of New and Rehabilitated Pavement Structures[R]. Washington, D. C. : National Cooperative Highway Research Program, 2002.

[14] JACKSON N, BALDWIN C. Assessing the Relative Rutting susceptibility of HMA in the Laboratory with the Asphalt Pavement Analyzer[J]. International Journal of Pavement Engineering, 2000, 1 (3):203-217.

[15] HUANG Y H. Pavement analysis and design[M]. Englewood Cliffs, N. J. : Prentice Hall,1993.

[16] DONG Q, HUANG B. Failure probability of resurfaced preventive maintenance treatments: investigation into long-term pavement performance program[J]. Transportation Research Record,2015, 2481(1):65-74.

8 路面养护施工工艺分类回归树数据挖掘

8.1 背景与数据

施工工艺是决定路面养护工程质量的关键。美国国家公路合作研究项目(National Cooperative Highway Research Program,NCHRP)的411报告对橡胶改性沥青稀浆封层的施工及使用情况进行了总结[1]。很多州的施工指南均建议在进行养护施工前对旧路表面进行必要的灌封及修补,并仔细清扫;一些州建议在旧路表面做黏层[1-2]。空气温度、湿度、风速和降雨情况均会影响微表处的效果[3]。最理想的天气是湿度低、有一些微风、施工后几天温度较高[4]。一些指南建议微表处在湿度高于50%～80%时就不宜施工[1,3]。在车辆启停频繁的路段,建议延长养生时间,尤其是在气温较低的时候[1]。

已有一些研究基于室内试验针优化材料选取和配合比设计[5-6]。基于现场观测数据,一些研究着重分析了具体养护措施、交通量等对预防性养护效果的影响[4,7-12]。但很少有研究分析施工细节对养护措施实施效果的影响,主要原因是施工工艺数据的缺失。本研究采用分类回归树的数据挖掘方法研究施工工艺的影响。提取了LTPP数据库SPS-3项目中89个稀浆封层养护项目的施工、环境、材料及路面性能数据,数据统计描述如表8.1所示。

8 路面养护施工工艺分类回归树数据挖掘

表8.1 变量统计描述[13]

变量		定义	最小值	最大值	均值	标准差
材料	AC	沥青类型		CQS，CQS-H，CRS-1，CSS-1h，Ralumac，Ralumaclatex
	AGG	集料类型		花岗岩、石灰岩、砂岩、钢渣
	MINE	矿粉类型		硫酸铝、水泥、乳胶、石灰
	ACR	沥青用量(L/m²)	0.5	1.8	1.4	0.3
	AGGR	集料用量(kg/m²)	7.7	17.1	11.3	2
	MINER	矿粉用量(kg/m²)	0	1	0.4	0.5
	SLUR	混合料用量(kg/m²)	9.2	18.8	13	2.7
	AGGMO	集料含水率(%)	0.2	6.7	2.8	1.7
	WAT	乳化沥青中水体积比	0.5	1.4	0.7	0.2
天气	TEMSL	混合料投放温度(℃)	10	33.3	27.7	4.3
	TEMPA	路表温度(℃)	16.1	51.7	37.4	7.8
	TEMAI	空气温度(℃)	16.7	42.2	29.8	5.2
	HUMID	空气湿度(%)	12	100	50.2	14.6
养生	MAXSP	初始养生阶段限速(mi/h)	20	55	34.6	6.7
	TIMBO	初始限速时间(h)	1	4.5	2.4	0.9
	TIMBF	全面开放交通时间(h)	1	10.5	3.4	1.3
旧路	SURPR	路表处理方式		清扫、吹扫、已洁净、无
	PAVCO	路面洁净程度		洁净、基本洁净
	SURMO	路面潮湿状况		干燥、基本干燥
	CRALE	旧路开裂情况		轻、中、重
	CRATY	旧路病害类型		龟裂、块裂、纵裂、横裂、边缘裂缝、剥离
路面	IRIP	养护前路面平整度(m/km)	0.6	3.6	1.3	0.6
	SN	结构系数	1.3	8.3	4.1	1.4

续表

变量		定义	最小值	最大值	均值	标准差
环境	PERP	年平均降雨(cm)	397.9	4 394.2	2 084.8	1 082.5
	FI	年平均冰冻指数(℃-days)	0	1746.2	389.3	447.4
交通量	kESAL	等效标准轴载(×10³)	5.2	1 048.7	135.6	172.2
长期等效效益面积	EIRI	平整度	0	30	9.5	4.4
	EFN	摩擦系数	112	441.6	309.9	59
	ERUT	车辙	9.5	158	52.9	36.8
	EAL	龟裂	0.6	2 520.4	290.5	481.8
	ELW	轮迹带纵向开裂	0	428.8	88.2	107.8
	ELNW	非轮迹带纵向开裂	0	1 600	347.6	454
	ETL	横向裂缝	0	1 093.6	249.8	257.3

表格来源：自制

　　进行数据挖掘分析前，首先要选择合适的养护措施长期效益评估指标，现阶段研究中常采用由路面性能曲线与性能阈值确定的"效益面积法"作为评价养护长期效果的方法[10-11,14-16]。由于每个项目观测的时长不同，为了横向比较这89个稀浆封层项目，按照图8.1计算了不同养护指标的"等效效益面积"，即换算为相同服役时间下的效益面积。所调查的稀浆封层项目的平均服役时间为6.4年。如图8.1所示，对于初始值不等于零的路面性能指标，如平整度、抗滑系数等，采用式(8.1)计算原始效益面积，式(8.4)计算等效效益面积。对于初始值为零的路面性能指标，如破损、裂缝、车辙等，式(8.5)计算原始效益面积，采用式(8.6)计算等效效益面积。由于裂缝数据较大的偏度，超过3倍均值的观测样本共有6个，被视作离群值删除。

$$A_1 = P_1 t_1 + \sum_{i=1}^{n-1} \frac{(t_{i+1} - t_i)(P_i + P_{i+1})}{2} \tag{8.1}$$

$$P_{0eq} = \frac{2A_1}{t_n} - P_n \tag{8.2}$$

8 路面养护施工工艺分类回归树数据挖掘

$$P_{aeq} = P_{0eq} + (P_n - P_{0eq})\frac{t_a}{t_n} \tag{8.3}$$

$$A_{1eq} = \left(\frac{2A_1}{t_n} - P_n\right)t_a + \left(P_n - \frac{A_1}{t_n}\right)\frac{t_a^2}{t_n} \tag{8.4}$$

$$A_2 = \frac{P_1 t_1}{2} + \sum_{i=1}^{n-1}\frac{(t_{i+1} - t_i)(P_i + P_{i+1})}{2} \tag{8.5}$$

$$A_{2eq} = \left(\frac{t_a}{t_n}\right)^2 A_2 \tag{8.6}$$

式中,A_1 和 A_2——图 8.1(a)和(b)所示的原始效益面积;

A_{1eq} 和 A_{2eq}——对应的等效效益面积;

t_i——第 i 次观测时的养护措施服役时间,$i=1,2,\cdots,n$;

t_a——平均服役时间,本例中为 6.4 年;

P_i——第 i 次观测时的路面性能;

P_{0eq}——在初始等效路面性能;

P_{aeq}——平均服役时间时对应的等效路面性能。

需要注意的是,摩擦系数的等效效益面积越大说明效益越好,其他的路面性能指标的等效效益面积越大说明病害越严重。

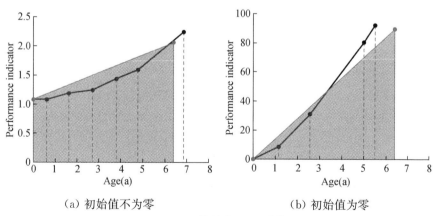

(a) 初始值不为零　　　　(b) 初始值为零

图 8.1　等效效益面积[13]

8.2 分类回归树

8.2.1 决策树方法

决策树是一种根据样本在该属性上的不同取值将其划分成若干个子集的算法,具有鲁棒性好,对数据容忍度高等特点,是数据挖掘、机器学习中最常用的一类分类及预测算法。决策树模型在银行信用评估、经济状况评估、信号识别、医学检验中已经有了广泛的应用[17-19]。在交通工程领域,决策树已被用于分析事故影响因素等[20-22]。道路工程领域,近年来已有研究将决策树用于分析道路养护概率[23-24]。1980年代初,Quinlan提出了ID3决策树,随后提出了C4.5决策树。后来统计学家又提出了分类回归树(Classification and Regression Tree,CART)。图8.2是一个简单的分类回归树,是一种在内部节点进行属性值比较,根据不同的属性值从该节点向下分支,从而不断得到叶节点分类的方法。节点类型分为内部节点和叶节点,每个内部节点代表对象的一个特征,叶节点代表对象的类别。

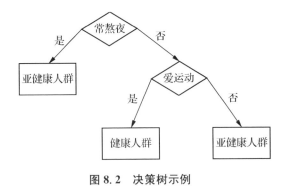

图 8.2 决策树示例

图片来源:自绘

如图8.3所示,进行决策树分析,容易发生训练数据的过拟合,即学到了很多"仅在训练集上成立的规律",但换一个数据集当前规律就不适用的现象。这时需要简化模型,或剪掉决策树的某些枝,以提高模型的普适性。

8 路面养护施工工艺分类回归树数据挖掘

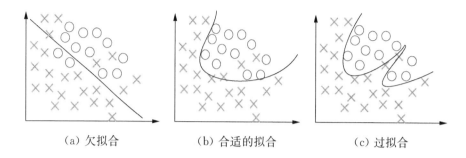

(a) 欠拟合　　　　　(b) 合适的拟合　　　　　(c) 过拟合

图 8.3　不同拟合程度的区别

图片来源：自绘

8.2.2　CART 树

CART 树的特点是每个节点均生成两个分叉，能够处理离散和连续变量[25]。CART 树算法的原则是选择使异质性下降最快的属性。对于离散型属性，CART 采用基尼(Gini)指数，二分指数(Twoing Index)，或者有序(Ordered)二分指数来描述异质性；对于连续型属性采用最小二乘偏差(Least-Squared Deviation,LSD)来描述异质性[26-27]。对离散型属性，计算每种组合下生成子节点的异质性，将使异质性减小程度最大的组合作为最佳划分点[28-29]。对连续型属性，计算每个记录值作为临界点产生的子节点的异质性统计量，将使异质性减小程度最大的临界值便是最佳的划分点。CART 树停止生长的原则包括：节点达到完全纯性；树的深度达到用户指定的深度；节点中样本的个数少于用户指定的个数；异质性指标下降的最大幅度小于用户指定的幅度等[30]。

对于离散型属性变量，若某样本数据分为 K 类，数据属于第 k 类的概率为 p_k，则样本数据的基尼指数定义如式(8.7)。

$$\mathrm{Gini}(p) = \sum_{k=1}^{K} p_k(1-p_k) \tag{8.7}$$

样本集合 D 的基尼指数如式(8.8)。

$$\text{Gini}(D) = \sum_{k=1}^{K} \frac{|C_k|}{|D|}\left(1 - \frac{|C_k|}{|D|}\right) = 1 - \sum_{k=1}^{K}\left(\frac{|C_k|}{|D|}\right)^2 \tag{8.8}$$

如果样本集合 D 根据特征 $\boldsymbol{A}_m$ 的取值可以分为两部分 D_1 和 D_2,那么在特征 $\boldsymbol{A}_m$ 的条件 D 的基尼指数如式(8.9)。

$$\text{Gini}(D,\boldsymbol{A}_m) = \frac{|D_1|}{|D|}\text{Gini}(D_1) + \frac{|D_2|}{|D|}\text{Gini}(D_2) \tag{8.9}$$

基尼指数 $\text{Gini}(D)$ 表征着数据集 D 的不确定性,而在特征 $\boldsymbol{A}_m$ 的条件下,D 的基尼指数则表征着在特征 $\boldsymbol{A}_m$ 确定的条件下 D 的不确定性,因此基尼指数之差和信息增益及信息增益比一样,可以表征特征 $\boldsymbol{A}_m$ 对数据集 D 的分类的能力。

对于连续型属性变量,数据集 D 内离差平方和 $SS(D)$ 如式(8.10)。

$$SS(D) = \sum_{i=1}^{n}(y_{i(D)} - \bar{y}_{i(D)})^2 \tag{8.10}$$

式中,$y_{i(D)}$ ——数据集 D 变量值;

$\bar{y}_{i(D)}$ ——数据集 D 变量均值。

节点 s 处的拟合优度由异质性或者节点内离差平方和 $SS(mD)$ 的降低来描述,如式(8.11)。

$$\phi(s,D) = SS(D) - SS(D_L) - SS(D_R) \tag{8.11}$$

式中,$SS(D_L)$ 和 $SS(D_R)$ 为左右两个数据集内离差平方和,所有可能数据集中,将使 $\phi(s,D)$ 最大化的分组作为最优分组。

8.3 结果与讨论

CART 树分析结果如图 8.4 所示。对于平整度指数的 82 个观测样本,长期等效效益面积均值为 9.5,等效效益面积越低说明服役期内总体平整度较低,路面行驶质量较好。第一个分类节点为养护前平整度 IRIP,76 个 IRIP<2.06 的观测样本归为一组,效益均值为 8.7;6 个 IRIP≥2.06 的观测样本归为一组,效益均值为 19,显著高于第一组。对于 76 个 IRIP 较低的样

8 路面养护施工工艺分类回归树数据挖掘

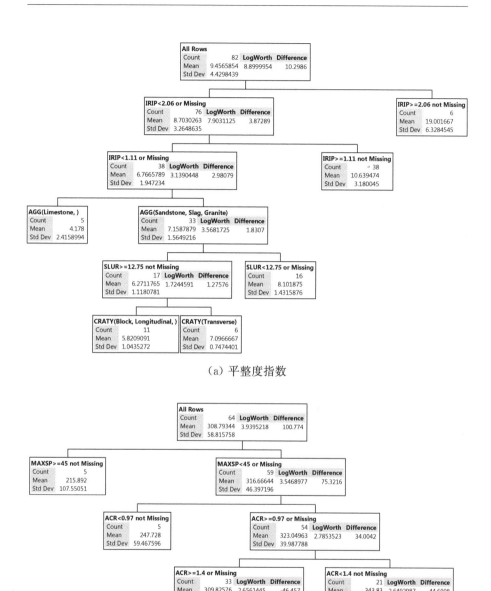

(a) 平整度指数

(b) 摩擦系数

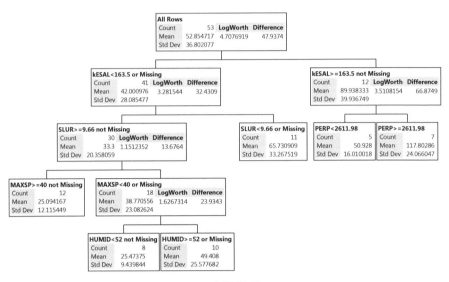

(c) 车辙深度

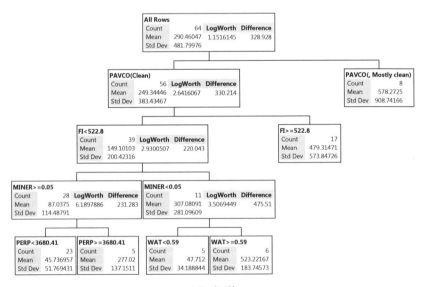

(d) 龟裂

8 路面养护施工工艺分类回归树数据挖掘

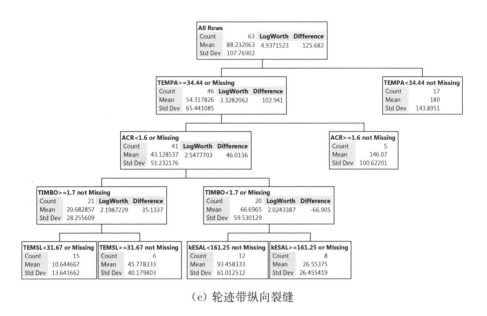

(e) 轮迹带纵向裂缝

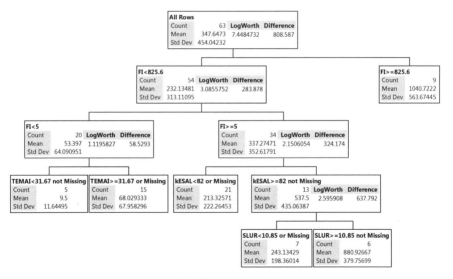

(f) 非轮迹带纵向裂缝

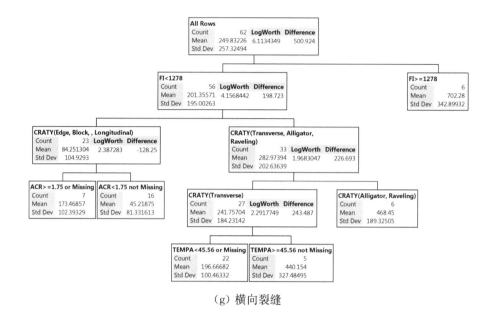

(g) 横向裂缝

图 8.4 CART 树分析结果[13]

图片来源:自绘

本,CART 树再次以 IRIP 为分组节点:38 个 IRIP<1.11 样本归为一组,效益均值为 6.8;38 个 IRIP≥1.11 的样本归为一组,效益均值为 10.6,以此类推。对于平整度,养护前的平整度被多次选为节点变量,主要是因为较薄的稀浆封层并不能显著改变路面原始平整度[1]。

对于其他几个路面性能指标,可以根据 CART 树分析结果,确定对养护措施长期性能影响较为显著的施工因素及阈值。以摩擦系数为例,初始养生阶段的限速被选为第一个节点变量,限速低于 45 mi/h 的路段长期摩擦系数较好。沥青用量两次被选为分类节点变量,沥青用量在 0.97—1.4 L/m² 的路段长期摩擦系数较好,说明过低或过多的沥青用量均会导致较差的摩擦系数。此外,施工时路表温度与空气湿度也被选做节点变量。较高的路表温度(>50℃)和较低的空气湿度(<50%)有利于乳化沥青破乳,从而保证足够的摩擦系数。事实上,一些州的施工指南中推荐较高温度与较低的

8 路面养护施工工艺分类回归树数据挖掘

湿度以确保较好的养生效果[1-3]。

为评估CART树的分类拟合效果,图8.5给出了针对不同路面性能指标的CART树分析结果的R^2。图8.6为预测值与实际值的比较。可以看出平整度指数、车辙和摩擦系数的拟合效果较好。图8.7给出了CART树中每个被选取的分类节点变量所解释的回归平方和。可以看出养护前平整度指数解释了平整度指数中92%的回归平方和;初始养生阶段限速和沥青用量解释了摩擦系数中74%的回归平方和;交通量、降雨和稀浆用量解释了车辙深度92%的回归平方和;路表温度和沥青用量解释了轮迹带纵向裂缝83%的回归平方和;对于其他几种裂缝,冰冻指数、路表洁净程度、旧路病害类型等解释了大部分的回归平方和。

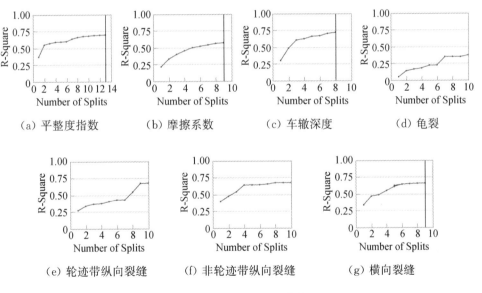

(a) 平整度指数　　(b) 摩擦系数　　(c) 车辙深度　　(d) 龟裂

(e) 轮迹带纵向裂缝　　(f) 非轮迹带纵向裂缝　　(g) 横向裂缝

图 8.5　CART树的R^2[13]

图片来源:自绘

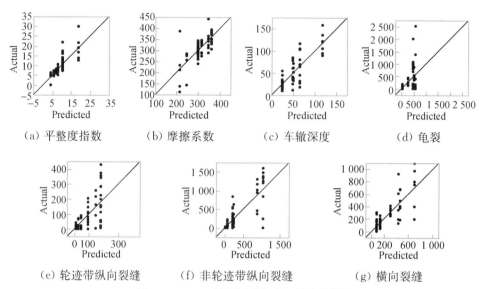

(a) 平整度指数　　(b) 摩擦系数　　(c) 车辙深度　　(d) 龟裂

(e) 轮迹带纵向裂缝　　(f) 非轮迹带纵向裂缝　　(g) 横向裂缝

图 8.6　CART 树预测值与实际值比较[13]

图片来源：自绘

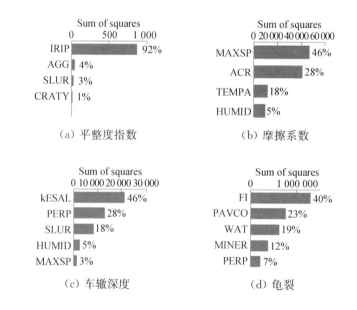

(a) 平整度指数　　(b) 摩擦系数

(c) 车辙深度　　(d) 龟裂

8 路面养护施工工艺分类回归树数据挖掘

图 8.7 CART 树中每个节点变量的回归平方和[13]

图片来源:自绘

参考文献

[1] GRANSBERG D. NCHRP Synthesis 411: Microsurfacing: a synthesis of highway practices[Z]. Washington, D.C.: Transportation Research Board of the National Academies, 2010.

[2] NMDOT. NMDOT Pavement Preservation Manual[R]. Santa Fe, NM: New Mexico Department of Transportation, 2009:173.

[3] ISSA. Inspector's Manual for Slurry Systems[R]. Annapolis, MD: International Slurry Surfacing Association, 2010:106.

[4] HICKS R, SEEDS S, PESHKIN D. Selecting a Preventive Maintenance Treatment for Flexible Pavements, Foundation for Pavement Preservation[R]. Washington, D.C.: Report FHWA-IF-00-027, 2000.

[5] ASTM. ASTM D2397 / D2397M−13, Standard Specification for Cationic Emulsified Asphalt: West Conshohocken[S]. PA: American Society for Testing and Materials, 2013.

[6] KHAN M I, WAHHAB H A-A. Improving slurry seal performance in Eastern Saudi Arabia using steel slag[J]. Construction and Building Materials, 1998, 12(4):195-201.

[7] CHEN, D-H, LIN D-F, LUO H-L. Effectiveness of preventative maintenance treatments using fourteen SPS-3 sites in Texas[J]. Journal of Performance of Constructed Facilities, 2003, 17(3):136 – 143.

[8] DONG Q, HUANG B. Failure Probability of Resurfaced Preventive Maintenance Treatments: Investigation into Long-Term Pavement Performance Program [J]. Transportation Research Record, 2015 (2481):65 – 74.

[9] GONG H, DONG Q, HUANG B, et al. Effectiveness Analyses of Flexible Pavement Preventive Maintenance Treatments with LTPP SPS -3 Experiment Data[J]. Journal of Transportation Engineering, 2016, 142(2): 04015045. https://ascelibrary.org/doi/pdf/10.1061/%28ASCE%29TE. 1943 – 5436.0000818.

[10] LABI S, LAMPTEY G, KONG S-H. Effectiveness of microsurfacing treatments[J]. Journal of Transportation Engineering, 2007, 133 (5):298 – 307.

[11] LABI S, SINHA K C. Effectiveness of Highway Pavement Seal Coating Treatments [J]. Journal of Transportation Engineering, 2004, 130(1):14 – 23.

[12] WANG Y, WANG G, MASTIN N. Costs and Effectiveness of Flexible Pavement Treatments: Experience and Evidence[J]. Journal of Performance of Constructed Facilities, 2011, 26(4):516 – 525.

[13] DONG Q, CHEN X, HUANG B, et al. Analysis of the Influence of Materials and Construction Practices on Slurry Seal Performance Using LTPP Data[J]. Journal of Transportation Engineering, Part B: Pavements, 2018, 144 (4): 04018046. https://ascelibrary.org/doi/abs/10.1061/JPEODX.0000069.

[14] WANG H, WANG Z. Evaluation of pavement surface friction subject

to various pavement preservation treatments[J]. Construction and Building Materials, 2013(48):194-202.

[15] CHEN X, ZHU H, DONG Q, et al. Case study: performance effectiveness and cost-benefit analyses of open-graded friction course pavements in Tennessee [J]. International Journal of Pavement Engineering, 2017, 18(11):957-970.

[16] LABI S, LAMPTEY G, KONDURI S, et al. Part 1: Pavement Management: Analysis of Long-Term Effectiveness of Thin Hot-Mix Asphaltic Concrete Overlay Treatments[J]. Transportation Research Record, 2005(1940):1-12.

[17] BAESENS B, VAN GESTEL T, VIAENE S, et al. Benchmarking state-of-the-art classification algorithms for credit scoring[J]. Journal of the Operational Research Society, 2003, 54(6):627-635.

[18] RAVI KUMAR P, RAVI V. Bankruptcy prediction in banks and firms via statistical and intelligent techniques—A review [J]. European Journal of Operational Research, 2007, 180(1):1-28.

[19] SAFAVIAN S R, LANDGREBE D. A Survey of Decision Tree Classifier Methodology[J]. Ieee Transactions on Systems Man and Cybernetics, 1991, 21(3):660-674.

[20] YAN X, RICHARDS S, SU X. Using hierarchical tree-based regression model to predict train-vehicle crashes at passive highway-rail grade crossings[J]. Accident Analysis & Prevention, 2010, 42(1):64-74.

[21] HARB R, YAN X D, RADWAN E, et al. Exploring precrash maneuvers using classification trees and random forests[J]. Accident Analysis and Prevention, 2009, 41(1):98-107.

[22] CLARKE D D, FORSYTH R, WRIGHT R. Machine learning in road accident research: decision trees describing road accidents during

cross-flow turns[J]. Ergonomics, 1998, 41(7):1060-1079.

[23] KANG M, KIM M, LEE J H. Analysis of Rigid Pavement Distresses on Interstate Highway Using Decision Tree Algorithms[J]. Ksce Journal of Civil Engineering, 2010, 14(2):123-130.

[24] KAUR D, PULUGURTA H. Comparitive analysis of fuzzy decision tree and logistic regression methods for pavement treatment prediction[J]. WSEAS Transactions on Information Science and Applications, 2008, 5(6):979-990.

[25] BREIMAN L. Classification and regression trees[M]. Belmont: Wadsworth International Group, 1984.

[26] WASHINGTON S P, KARLAFTIS M G, MANNERING F L. Statistical and econometric methods for transportation data analysis[M]. Boca Ratou: CRC Press, 2011.

[27] KANTARDZIC M. Data mining: concepts, models, methods, and algorithms[M]. Hoboken: John Wiley & Sons, 2011.

[28] GAUDARD M, RAMSEY P, STEPHENS M. Interactive data mining and design of experiments: the JMP © partition and custom design platforms[M]. Brookline: New Hampshire North Haven Group, 2006.

[29] PROUST M. Modeling and Multivariate Methods[M]. North Carolina:Cary, 2012.

[30] LAROSE D T. Discovering knowledge in data: an introduction to data mining[M/OL]. http://onlinelibrary:Wiley.com/2005.

9 基于支持向量机的路面平整度分类预测

9.1 背景与数据

随着智能感知技术的不断发展,路面性能、交通量、气候环境、生产施工过程等信息的数据类型与数据量都更加丰富,而如何利用这些海量数据进行路面性能分析与预测,有待深入研究。近年来针对网络大数据应用需求,大量人工智能与机器学习技术算法被用于进行数据的分析与预测。本章将研究采用一种常用的机器学习分类方法,支持向量机(Suppor Vector Machine,SVM)来预测路面的平整度水平。

本章选取 LTPP 数据库中沥青罩面养护项目,在的"IMP_TYPE"表中的代号为 19、43、51 和 55,以路面平整度 IRI 水平是否超过 1.5m/km 为阈值对路段进行分类预测。删除存在缺失值的样本后,共获取了 3 297 个观测样本。表 9.1 为因变量与自变量的统计描述。在分析前,先将自变量数据转换为均值为 0,方差为 1 的标准正态分布。由于 IRI 大于 1.5 m/km(正组)的样本数量远少于 IRI 小于 1.5 m/km(负组)的样本数量,计算时自动分配了惩罚因子,对样本较小的类别分配较高的权重。

表 9.1 变量统计描述

变量	含义	均值	最小值	最大值
THICK	罩面厚度(cm)	8.23	0	43.18
MILLDEP	铣刨深度(cm)	1.47	0	45.97
RAP	是否采用30%的厂拌热再生	N/A	0	1
SN	结构系数	6	1.8	13.8
kESAL	年平均标准轴载(×10^3)	316	2	1 507
PRECIP	年平均降雨(mm)	2 349	275	5 757
FREEZE	冰冻指数,即所有零度以下天数的温度绝对值之和(℃-days)	230	0	1 809
AGE	罩面服役时间(a)	5.49	0	21
IRI_PRE	养护前平整度指数(m/km)	1.32	0.47	5.48
IRI	平整度指数(m/km)	1.03	0.33	3.31

表格来源:自制

9.2 支持向量机

9.2.1 模型形式

支持向量机是从线性可分的最优分类面发展而来一种分类方法,属于监督机器学习。如图 9.1 所示,SVM 找到数据点最佳分离的核心思想是:找到离分隔面最近的点,使其与分隔面之间的距离最大。距离分隔面最近的数据点为支持向量,该数据点到分隔面距离的两倍为间隔,以此来确定最佳分隔面。

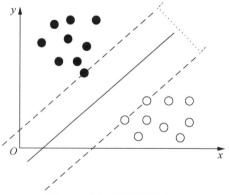

图 9.1 最小间隔数据点
图片来源:自绘

SVM 的特点是当遇到如图 9.2 所示的情况时,可通过引入额外特征来解决。例如构造数据点与原点的距离为 z 轴 $z=\sqrt{x^2+y^2}$,很容易找出在 $x\text{-}z$ 或 $y\text{-}z$ 平面上的线性分隔面,但该分隔面在 $x\text{-}y$ 平面中表现为非线性。

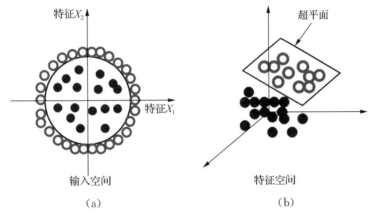

图 9.2 支持向量机额外特征的含义

图片来源:自绘

对于二维坐标系中直线 $x_2=kx_1+b$(k 为斜率,b 为截距),可以证明起点为原点的向量 $(k,-1)$ 与该直线垂直。该直线方程可写成向量形式,如式(9.1)。并且向量 $\boldsymbol{w}=(w_1,w_2)^T$ 与该直线垂直,或者说该向量控制了直线的方向。

$$\boldsymbol{w}^T\boldsymbol{x}+b=0,\quad \boldsymbol{w}=(k,-1)^T,\boldsymbol{x}=(x_1,x_2)^T \tag{9.1}$$

则一个 m 维超平面可由式(9.2)描述,$\boldsymbol{w}$ 控制了该超平面在 m 维空间中的方向。

$$\boldsymbol{w}^T\boldsymbol{x}+b=0,\quad \boldsymbol{w}\in\mathbf{R}^m,b\in\mathbf{R} \tag{9.2}$$

SVM 最大化最小间隔的支持向量的思想可描述如式(9.3)。

$$\min_{w,b}\left(\frac{1}{2}\|\boldsymbol{w}\|^2\right)$$
$$\text{s.t.}\quad y_i(\boldsymbol{w}^T\boldsymbol{x}_i+b)\geqslant 1,\quad i=1,2,\cdots,m \tag{9.3}$$

式中,$\|\boldsymbol{w}\|$——向量的模;

$\boldsymbol{x}$——支持向量样本点的坐标。

它的约束条件为式(9.4)。

$$y_i(\mathbf{w}^\mathrm{T}\mathbf{x}_i+b)\geqslant 1, \quad \forall\, \mathbf{x}_i \tag{9.4}$$

9.2.2 模型估计

这是一个二次凸规划问题,根据最优化理论存在位移全局最小解,需要引入 Lagrange 函数得到其对偶问题,如式(9.5)。

$$L(\mathbf{w},b,\alpha)=\frac{1}{2}\|\mathbf{w}\|^2-\sum_{i=1}^{m}\alpha_i(y_i(\mathbf{w}\cdot\mathbf{x}_i+b)-1) \tag{9.5}$$

式中,$\alpha_i \geqslant 0$ 为拉氏常数,求解此优化方程,可得描述最优分类超平面的优化函数即支持向量机如式(9.6)。

$$f(\mathbf{x})=\mathrm{sgn}\Big[\sum_{i=1}^{m}\alpha_i y_i(\mathbf{x}_i\cdot\mathbf{x})+b\Big] \tag{9.6}$$

SVM 在处理线性不可分问题时,将输入向量映射到一个高维的特征向量空间,并在该特征空间中构造最优分类面。由于优化目标函数是内积的形式,即向量相乘得到单个标量或数值,假设 $\phi(\mathbf{x}_i)^\mathrm{T}\cdot\phi(\mathbf{x}_j)$ 表示将 $\mathbf{x}$ 映射后的特征向量,那么优化目标函数为式(9.7)。

$$f(\mathbf{x})=\mathrm{sgn}\Big[\sum_{i=1}^{m}\alpha_i y_i \phi(\mathbf{x}_i)^\mathrm{T}\cdot\phi(\mathbf{x}_j)+b\Big] \tag{9.7}$$

由于求解 $\phi(\mathbf{x}_i)^\mathrm{T}\cdot\phi(\mathbf{x}_j)$ 比较困难,构建函数如式(9.8)。

$$K(\mathbf{x}_i,\mathbf{x}_j)=\phi(\mathbf{x}_i)^\mathrm{T}\cdot\phi(\mathbf{x}_j) \tag{9.8}$$

样本 $\mathbf{x}_i$ 和 $\mathbf{x}_j$ 在特征空间的内积计算复杂,但等于它们在原始样本空间中的函数 $K(\cdot,\cdot)$,称为核函数。很多机器学习算法都应用到核函数。通过使用核函数,优化函数不用进行复杂的非线性变换。SVM 比较流行的核函数称作径向基核函数。其他常用的核函数有线性核、多项式核、拉普拉斯核、Sigmoid 核、高斯核等。

9.2.3 模型评价

对于分类问题的机器学习算法,最常见的模型评价指标是分类是否正确。

9 基于支持向量机的路面平整度分类预测

根据真实与预测的正确与否,SVM 常用的四个拟合优度指标如表9.2所示。

表 9.2 机器学习分类预测的模型评价指标

名称	真实	预测	全称	含义
TP	1	1	预测为正的正样本	判断为真的正确率
TN	0	0	预测为负的负样本	判断为假的正确率
FP	0	1	预测为正的负样本	误报率
FN	1	0	预测为负的正样本	漏报率

表格来源:自制

根据这四个变量,可以计算出其他几个评价指标。首先,精确率(Precision)P 是预测为正的样本中正样本比例,又称"查准率",如式(9.9)。

$$P = \frac{TP}{TP+FP} \tag{9.9}$$

召回率(Recall)R 为正样本中预测为正的比例,又称"查全率",如式(9.10)。查全率和查准率是搜索引擎设计中很重要的两个指标。

$$R = \frac{TP}{TP+FN} \tag{9.10}$$

特异性(Specificity)S 为负样本中预测为负的负样本比例,如式(9.11)。

$$S = \frac{TN}{FP+TN} \tag{9.11}$$

准确率(Accuracy)A 为总样本中预测与真实一致的比例,如式(9.12)。

$$A = \frac{TP+FN}{TP+TN+FP+FN} \tag{9.12}$$

由于 Recall 和 Precision 有时候矛盾,于是建立了一个综合的指标 F1-Measure,为 Recall 和 Precision 的加权调和平均,如式(9.13)。$a>1$ 时,召回率影响更大;$a<1$ 时,精确率影响更大。

$$F1\_measure = \frac{(a^2+1) \times PR}{a^2(P+R)} \tag{9.13}$$

F1_score 为参数 $a=1$ 时的情况,如式(9.14)。

$$F1\_score = \frac{2 \times PR}{P+R} \tag{9.14}$$

9.3　KNN算法的结合

K近邻(K-Nearest Neighbor, KNN)算法是指一个样本k个最邻近的样本中的大多数属于某一个类别,则该样本也划分为这个类别。KNN通过测量不同特征值之间的距离进行分类。该方法只依据最邻近的一个或者几个样本的类别来决定待分样本所属的类别。如图9.3所示,要确定中间的点属于哪个形状?要做的就是选出距离目标点距离最近的K个点,看这K个点的大多数是什么形状。当K取3的时候,可以看出距离最近的三个邻居有两个

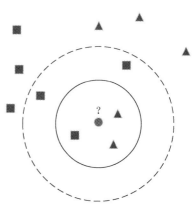

图9.3　KNN分类算法
图片来源:自绘

三角形和一个正方形,因此判定该点为三角形。显然K值的选取非常重要,若K值过小,噪声的影响较大,容易发生过拟合;若K值过大,与目标点较远的样本也会对预测起作用,使预测发生错误。若K取全部样本,模型就变为样本中某分类下最多的点,对预测没有实际意义。

SVM是为所有样本找到一个分界,但对分界附近的样本预测结果较差。而KNN仅针对待预测点附近的样本来预测,适合处理交叉和重叠较多的数据;由于对于每一个样本都需要单独计算距离,处理高维数据时计算量很大。因此,可以结合两种方法,提出一种用KNN优化SVM的方法,提高分类预测的准确度。具体步骤如下:

(1) 基于初始试验数据集训练SVM分类器。

(2) 对测试集中的所有$f(x)$值的点进行计数,并计算每个x与分类的超平面之间的距离。

(3) 设置阈值 $u(u>0)$。如果 $|f(x)| \geq u$,则表示采样点远离分类超平面,用 SVM 算法分类。如果 $|f(x)| < u$,表示样本点接近分类超平面,采用 SVM 的所有支持向量,并使用 KNN 算法进行分类。

(4) 在确定 x 的类别后,将其从测试样品中取出并再次进入步骤 3,直到完成测试集中所有数据的完整分类。

9.4 结果与讨论

将数据中 75% 的样本用于训练,剩余的 25% 样本用于验证。KNN 算法中的 K 值选取为 3。KNN 和 SVM 分类器以 0.5 分位数为界,距离采用曼哈顿距离。表 9.3 给出了不同方法的预测分类结果。Support 为 542 个测试样本中两个类的样本数。首先,SVM 和 SVM-KNN 对负组,即 IRI 小于 1.5 m/km 的样本数量较大的组预测结果较好,对样本数量较小的组预测较差。但 SVM-KNN 比 SVM 结果较好,对负组的召回率及 F1-score 有显著提高,对正组的精确率和 F1-score 有显著提高。

与其他分类分析方法相比:逻辑回归对负组预测较好,但对正组预测较差。决策树分析结果优于 SVM,与 SVM-KNN 接近,但对正组的召回率较差。图 9.4 为几种方法的分类分析结果。横坐标与纵坐标分别为能够解释数据最大变异性的第一与第二主成分。浅色点为负组,深色点为正组。总体而言,分类效果的排名为:逻辑回归<SVM<决策树≈SVM-KNN。

表 9.3 不同分类方法的分析结果

分类方法	分组	Precision	Recall	F1-score	Support
SVM	0	0.97	0.79	0.87	498
	1	0.24	0.73	0.36	44
SVM-KNN	0	0.97	0.91	0.94	498
	1	0.42	0.73	0.53	44
SVM-KNN no RAP	0	0.96	0.9	0.93	489
	1	0.4	0.62	0.49	53

续表

分类方法	分组	Precision	Recall	F1-score	Support
Logistic	0	0.92	1	0.96	498
	1	0	0	0	44
Decision tree	0	0.96	0.96	0.96	498
	1	0.57	0.59	0.58	44

表格来源：自制

表9.4给出了 SVM-KNN 中，只考虑单个因素时对正组的精确率，可以看出大部分自变量的精确率不为0，说明该因素对分类结果有一定程度的影响。但是只考虑 RAP 一个自变量时精确率为0。而若将 RAP 删除，表9.3所示预测的分类结果会发生变化，说明 RAP 对结果仍然有影响。

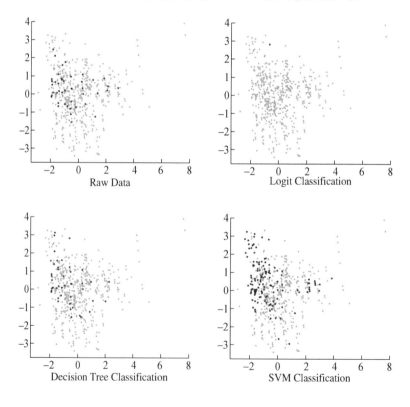

9 基于支持向量机的路面平整度分类预测

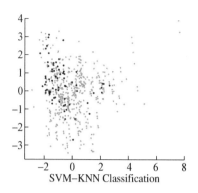

图 9.4 不同分类方法的比较

图片来源：自绘

表 9.4 SVM-KNN 模型中仅考虑一个自变量时的精度

自变量	Precision
THICK	0.31
MILLDEP	0.40
RAP	0.00
SN	0.26
kESAL	0.27
PRECIP	0.14
FREEZE	0.31
AGE	0.25
IRI_PRE	0.13

表格来源：自制

表 9.5 为逻辑回归结果的参数估计及显著性，可以看出最显著的影响因素是养护前 IRI、罩面厚度与服役时间，其 P 值均小于 0.05。铣刨深度和结构系数 P 值小于 0.1，可认为是边缘显著。根据参数估计正负值，可以看出较大的厚度、铣刨深度和结构系数均趋于降低路面平整度，这与之前的研究结果相符[1-3]。

表 9.5 逻辑回归分析结果

自变量	参数估计	P 值
Intercept	−2.56	—
THICK	−0.75	<0.001*
MILLDEP	−0.32	0.07
RAP	−0.16	0.15
SN	−0.16	0.09
kESAL	−0.02	0.87
PRECIP	−0.15	0.15
FREEZE	−0.04	0.61
AGE	0.24	0.01*
IRI_PRE	0.52	<0.001*

注：* 表示 P 值小于 0.05，该变量显著。

表格来源：自制

9.5 几种分类方法的比较

图 9.5 给出了支持向量机、逻辑回归与决策树的区别。逻辑回归只能进行一个线性的分类，无法将羊群与狼群分开。支持向量机采用一个非线性分类准则，能够分开羊群与狼群。决策树虽然分类准则也是线性，但是由于可以采用多个分类准则，也可以达到非线性的效果，成功分开羊群与狼群。

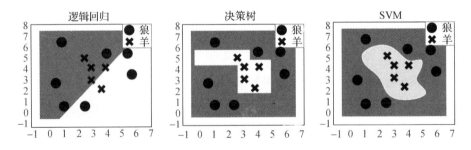

图 9.5 支持向量机、逻辑回归和决策树的比较[4]

图片来源：自绘

参考文献

[1] CHEN X, ZHU H, DONG Q, et al. Optimal Thresholds for Pavement Preventive Maintenance Treatments Using LTPP Data[J]. Journal of Transportation Engineering Part a－Systems, 2017, 143(6): 04017018. https://ascelibrary.org/doi/abs/10.1061/JTEPBS.0000044.

[2] DONG Q, HUANG B. Evaluation of Effectiveness and Cost-Effectiveness of Asphalt Pavement Rehabilitations Utilizing LTPP Data[J]. Journal of Transportation Engineering-Asce, 2012, 138(6):681-689.

[3] DONG Q, HUANG B. Failure probability of resurfaced preventive maintenance treatments: investigation into long-term pavement performance program[J]. Transportation Research Record, 2015, 2481(1):65-74.

[4] ALUMNI G A. Why use SVM? [EB/OL]. Data Science, 2017,[2020-07-22], https://community.alteryx.com/t5/Data-Science-Blog/Why-use-SVM/ba-p/138440.

10 基于结构方程模型的路面综合性能指标计算

10.1 背景与数据

目前广泛使用的路面病害综合指标 PCI 是 1950 年代由美国陆军工程兵团 USACE 提出,它是通过病害不同的严重程度和范围而从满分中扣除不同的值得到[1]。针对不同类型及严重程度的病害的扣分权重根据经验来确定。在此基础上学术界和工业界提出了各种综合路面性能指标,例如得克萨斯州交通部的状态打分,南达科他州的表面状况指数,俄亥俄州的路面性能打分,田纳西州的路面病害指数等[2]。一些学者提出了多元回归、神经网络和模糊数学的方法[2-6],但仍然离不开专家的主观意见。因此,研究路面各种病害与其综合性能指标的相关性具有重要的意义。

假设路面综合性能状况是一个无法直接观测的变量,所有直接观测到的路面性能如平整度、车辙、裂缝等,都只是"管中窥豹"。但这些观测结果又都从某个方面反映了路面性综合性能。如果将路面性能视为隐变量,直接观测的路面病害作为内生观测变量,罩面厚度、路龄、交通量等作为外生观测变量,采用结构方程模型方法,就可以建立路面综合性能与不同观测到的变量间的对应关系。再结合多元回归方法,就能够确定直接基于病害检测的路面综合性能评价指标计算权重。本章基于 LTPP 路面罩面类养护项目数据，推导沥青路面基于不同类型病害的综合性能指标，分析路面特性、材料、天气、环境因素、交通因素对于基于路面病害的状态指标的影响，改进了类似于 PCI 指标中变量系数大多通过经验确定的不足，提出一个路面综合状态指标计算方法[7]。

LTPP 数据库中每种路面病害一般都按轻、中、重三个等级记录，对于不同严重程度的测量值主要有两种处理方法：一是将这三个严重程度的测量值简单的相加；二是将这三个严重程度的测量值归一化。考虑到不同严重程度的测量值对于路面状态的影响不一样，因此采用归一化的方法对病害数据进行处理。借鉴 MEPDG 路面力学经验设计法[8]以及 Qiu 等人采用的不同严重程度的权重系数[9]，各类病害指标归一化公式如式(10.1)。

$$归一化测量值 = \frac{1 \times 轻度 + 3 \times 中度 + 5 \times 重度}{9} \quad (10.1)$$

路面病害变量包括疲劳裂缝、轮迹带纵向裂缝、非轮迹带纵向裂缝、横向裂缝、块裂、边裂、坑槽、补丁、泛油、集料磨光、松散、唧泥。处理过空白值和异常值之后，共有 316 个修复路段，1 157 个样本用于分析。在这 1 157 个样本中，只有 76 个车辙值非空白。由于车辙测量值过少，因此无法将车辙这一变量纳入分析中。车辙是路面状态评估中很重要的一个变量。如果今后有更多的车辙测量值，可以将其加入模型中，更新模型。本章中路面性能的影响因素包括沥青混合料类型(包括新沥青和回收沥青)、沥青面层厚度、铣刨深度、降雨量、冰冻指数、结构系数(SN)、等效单轴轴载 kESAL 以及修复过后路面的运营时间。以上观测变量的统计性描述如表 10.1 所示。由于存在非正态分布变量，这里采用鲁棒极大似然估计(Robust Maximum Likelihood Estimation, RMLE)估计参数。

路面性能数据分析

表 10.1　路面病害状态评价的观测变量统计性描述

类别	变量	描述	最小值	最大值	均值	标准差	偏度	峰度
影响因素	Mixture	沥青混合料类型（0 表示新沥青，1 表示回收沥青）	0	1	—	—	—	—
	Thickness	沥青面层厚度(cm)	0	21.1	7.6	4.5	1.0	0.3
	Mill	铣刨深度(cm)	0	13.5	0.9	2.1	2.3	5.3
	Precipitation	年平均降雨量(cm)	274.8	5 756.7	2 712.4	1 107.8	0.2	−0.2
	Freeze	年冰冻指数(℃-days)	0	1 809.4	237.7	371.5	2.3	5.4
	SN	结构系数	1.8	13.8	6.0	1.6	0.6	1.9
	kESAL	等效单轴轴载	2	1507	282.6	305.0	2.3	6.0
	Age	路面运营时间(a)	0	21.1	5.2	4.2	0.8	0.0
病害	Gator_Crack	龟裂面积(m^2)	0	160.4	3.4	13.7	6.1	43.3
	Long_Crack_WP	车轮迹下纵向裂缝长度(m)	0	26.7	0.3	1.7	9.5	113.5
	Long_Crack_NWP	非车轮迹下纵向裂缝长度(m)	0	171.9	17.0	33.4	2.7	7.4
	Trans_Crack	横向裂缝长度(m)	0	60.8	2.8	6.1	3.9	22.2
	Blk_Crack	块裂面积(m^2)	0	208.3	0.7	9.5	16.2	293.1
	Edge_Crack	边裂长度(m)	0	33.3	0.1	1.2	22.5	599.7
	Pothole	坑槽面积(m^2)	0	0.2	0.000 6	0.008	18.8	436.9
	Patch	补丁面积(m^2)	0	0.9	0.003	0.04	17.2	339.8
	Bleeding	泛油面积(m^2)	0	564.0	32.0	89.5	2.8	7.0
	Polish	集料磨光面积(m^2)	0	244.0	0.5	10.5	20.4	428.1
	Raveling	路面松散面积(m^2)	0	583.7	35.2	116.3	3.6	12.5
	Pumping	唧泥影响长度(m)	0	114.4	1.1	8.4	9.8	104.4

表格来源：自制

10.2 结构方程模型

10.2.1 基本形式

结构方程模型(Structural Equation Modeling,SEM)由 Wright 首次提出,被广泛应用于心理学、教育学、社会学和经济学[10]。它是将不能或者难以直接测量的变量视为隐变量,将能够测量的变量视为隐变量的外在反映。它可以分析不可观测变量(隐变量)与可观测变量之间关系[11-12],同时处理隐变量与隐变量之间,可观测变量与可观测变量之间的复杂关系[13-14]。例如,用各项测试的分数来评价一个人的智力水平,一个球员的潜力。近些年来,SEM 也逐渐应用于工程领域。在交通工程领域,SEM 可以用于确定不同交流模式之间的相互关系[15],用于研究心理账户理论和技术接受模型对于消费者乘坐高铁时采用移动票务的影响[16],分析影响因素如技术接受程度、计划行为、印象的改变、政府态度、风险等对于公路司机采用电子收费服务的影响[17],估计路面因素、司机因素和环境因素对于交通事故的影响[14],分析在能见度降低的情况下能见度状况、交通状况、路面类型对于司机行为的影响[13]。

在道路工程领域,Ben-Akiva 和 Ramaswamy[18]首次将路面状态视为隐变量,将病害测量指标和影响因素视为可观测变量,其中病害测量指标为式(1.1)所包含的路面坡度、车辙深度、裂缝长度、修补面积这四个变量,影响因素包括交通量、路面性质和环境因素,采用极大似然估计方法来估计隐 PSI。基于 Ben-Akiva 和 Ramaswamy 的研究成果[18],Chu 和 Durango 将时间序列模型引入结构方程模型中评价养护效益[19]。结构方程模型的特点是,通过结构方程与测量方程构建观测变量与隐变量之间的关系,而不是直接计算隐变量,来评估出观测变量对隐变量的影响规律。

结构方程模型包含两个部分:测量模型和结构模型。其中,测量模型分析了可观测变量反映隐变量的程度,结构模型分析了隐变量之间的关系。

结构方程模型的数学表达式如式(10.2)~式(10.4)所示。从方法层次上来说,结构方程模型结合了路径分析(Path Analysis)和验证性因子分析(Confirmatory Factor Analysis, CFA)。路径分析构成了结构方程模型 SEM 的结构模型部分,验证性因子分析构成了测量模型部分。一般来说,验证性因子分析是结构方程模型的基础。首先,通过验证性因子分析证实因子结构的设定是否成立,然后再采用结构方程模型进一步分析其相关性。

$$\eta = B\eta + \Gamma\xi + \zeta \tag{10.2}$$

$$Y = \Lambda_y \eta + \varepsilon \tag{10.3}$$

$$X = \Lambda_x \xi + \delta \tag{10.4}$$

式中,η——内生隐变量;

ξ——外生隐变量;

η 和 ξ——对应的观测变量分别是 Y 和 X;

$B, \Gamma, \Lambda_x, \Lambda_y$——均为系数矩阵,其中 B 是内生隐变量 η 的系数矩阵,Γ 表示外生隐变量 ξ 对于内生隐变量 η 的系数矩阵,Λ_x 是外生观测变量 X 于外生隐变量 ξ 的因子载荷(Factor Loading),Λ_y 是内生观测变量 Y 于内生隐变量 η 的因子载荷;

$\zeta, \varepsilon, \delta$——均是误差项。

式(10.2)表示的是结构模型,建立了内生隐变量和外生隐变量之间的关系。式(10.3)和式(10.4)均是测量模型,分别建立了观测变量及其对应的隐变量之间的关系。

图 10.1 为一个简单的结构方程模型示意图,包含两个内生隐变量 η_1 和 η_2,一个外生隐变量 ξ_1,内生隐变量 η_1 的观测变量包括 y_1、y_2、y_3,内生隐变量 η_2 的观测变量包括 y_4、y_5、y_6。将图 10.1 所示的结构方程模型代入式(10.3)和式(10.4)可以得到式(10.5)~式(10.7),便于直观理解。图 10.1 也表示了在可视化的结构方程模型分析软件中绘制模型的要点,即椭圆表示隐变量,包括内生隐变量和外生隐变量。误差项也可用椭圆表示,误差项的箭头上的系数一般为1。如图 10.1 椭圆带底纹是隐变量,椭圆无底纹是误差项。

观测变量用矩形表示。结构方程模型中包含两种带箭头的线,一种是单向直箭头,它表示的是路径系数,如 $B,\Gamma,\Lambda_x,\Lambda_y$;另外一种是双向箭头,它表示的是两个变量之间的相关性。

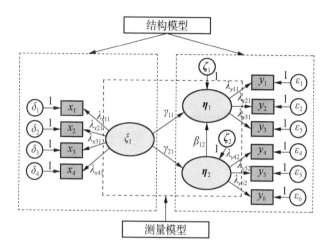

图 10.1 结构方程模型 SEM 示意图

图片来源:自绘

$$\begin{pmatrix} \eta_1 \\ \eta_2 \end{pmatrix} = \begin{pmatrix} 0 & \beta_{12} \\ 0 & 0 \end{pmatrix} \begin{pmatrix} \eta_1 \\ \eta_2 \end{pmatrix} + \begin{pmatrix} \gamma_{11} \\ \gamma_{21} \end{pmatrix} \xi_1 + \begin{pmatrix} \zeta_1 \\ \zeta_2 \end{pmatrix} \quad (10.5)$$

$$\begin{pmatrix} y_1 \\ y_2 \\ y_3 \\ y_4 \\ y_5 \\ y_6 \end{pmatrix} = \begin{pmatrix} \lambda_{y11} & 0 \\ \lambda_{y21} & 0 \\ \lambda_{y31} & 0 \\ 0 & \lambda_{y42} \\ 0 & \lambda_{y52} \\ 0 & \lambda_{y62} \end{pmatrix} \begin{pmatrix} \eta_1 \\ \eta_2 \end{pmatrix} + \begin{pmatrix} \varepsilon_1 \\ \varepsilon_2 \\ \varepsilon_3 \\ \varepsilon_4 \\ \varepsilon_5 \\ \varepsilon_6 \end{pmatrix} \quad (10.6)$$

$$\begin{pmatrix} x_1 \\ x_2 \\ x_3 \\ x_4 \end{pmatrix} = \begin{pmatrix} \lambda_{x11} \\ \lambda_{x21} \\ \lambda_{x31} \\ \lambda_{x41} \end{pmatrix} \xi_1 + \begin{pmatrix} \delta_1 \\ \delta_2 \\ \delta_3 \\ \delta_4 \end{pmatrix} \quad (10.7)$$

10.2.2 多指标多因素模型

多指标多因素模型(Multiple Indicators Multiple Causes, MIMIC)是结构方程模型的一种特殊形式。在 MIMIC 中,观测变量 X 是外生隐变量 ξ 的完美指标,也就是说误差项 δ 等于 0,因子载荷 Λ_x 等于 1,如式(10.10)所示。同时认为内生隐变量 η 之间没有因果关系,即系数矩阵 B 等于 0,如式(10.8)所示[20]。式(10.2)~式(10.4)中的观测变量是均数离差,即原始数据减去均值,因此所用的观测变量的均值为零,因此式(10.2)~式(10.4)中没有截距项。如果采用的是原始数据,则方程中应该包含截距项,如式(10.9)所示的 v_y 即为截距项。对于单组 MIMIC 模型,其结构模型部分的截距项为 0,如式(10.8)所示。多指标多因素模型的示意图如图 10.2 所示。

$$\eta = \Gamma\xi + \zeta \tag{10.8}$$

$$Y = v_y + \Lambda_y \eta + \varepsilon \tag{10.9}$$

$$X \equiv \xi \tag{10.10}$$

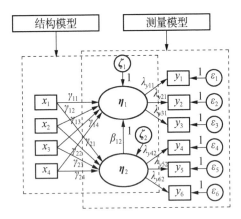

图 10.2 多指标多因素模型 MIMIC 示意图

图片来源:自绘

在 MIMIC 模型中有 m 个内生隐变量 η,p 个内生观测变量 Y,q 个外生观测变量 X。对路面性能评价,内生隐变量 η 是不能直接测量的路面综合性能,内生观测变量 Y 是第 2 章提到的病害检测结果,外生观测变量 X 是第二章提到的路面性能影响因素。

10.2.3 模型估计

一般多元回归模型的参数估计是最小化观测值与估计值之间的差异。而对于结构方程模型来说,它的参数估计是基于最小化模型估计的方差/协方差矩阵与样本的方差/协方差矩阵[20]。常用的参数估计方法有极大似然估计、广义最小二乘法(Generalized Least Squares,GLS)、渐进自由分布法(Asymptotically Distribution Free,ADF)、贝叶斯估计以及其他鲁棒估计方法。在这些估计方法中,ML 和 GLS 适用于当观测变量为多元正态分布时。ADF 可以适用于变量非多元正态分布的情况,但是一般要求样本量较大(样本量大于 1000)。对于小样本或中等样本 ADF 的估计效果很差。贝叶斯估计可以用于当估计参数的先验分布已知的情况,并且当变量为类别变量时也适用。当变量不满足正态分布这一基本假设时,可采用鲁棒估计方法如鲁棒极大似然估计(Robust Maximum Likelihood Estimator,MLR)、均数调整极大似然估计(Mean-adjusted Maximum Likelihood Estimator,MLM)等进行参数估计。其中,MLR 估计法既能分析非正态分布数据,又能处理数据缺失的情况。另外,MLR 估计法比较适用于小样本和中等量的样本。

10.2.4 模型评价

模型拟合评价指标用于评价样本的方差/协方差矩阵 S_n 和模型估计的方差/协方差矩阵 $\Sigma(\theta)$ 之间的接近程度,可分为两类:绝对拟合指标和相对拟合指标[20]。

绝对拟合指标是将设定模型与饱和模型进行比较,评估二者之间的差异程度的指标。其中,饱和模型能够精确拟合样本,其模型估计的方差/协方差矩阵与样本的方差/协方差矩阵完全相等。设定模型与饱和模型的差异越小,表明模型拟合得越好。绝对拟合指标包括卡方统计(Chi-square)、拟合优度指标（Goodness of Fit Index，GFI）、标准化残差均方根（Standardized Root Mean Square Residual，SRMR）、近似误差均方根（Root Mean Square Error of Approximation，RMSEA）等等。卡方χ^2值越小，模型拟合越好；χ^2值越大，模型拟合越差；χ^2值为零，表明模型拟合完美。拟合优度指标 GFI 或者修正拟合优度指标 AGFI 类似于多元回归分析中的R^2和，其取值范围在 0 至 1 之间。值越大，表明模型拟合得越小。一般来说，当 GFI 或者 AGFI 的值大于 0.9 时，模型拟合很好。标准化残差均方根 SRMR 是以残差为基础的拟合指数。通常来说，如果 SRMR<0.08，则认为模型拟合良好；若 SRMR<0.10，则认为模型可以接受[21]。近似误差均方根 RMSEA 是近似误差的标准化值，是最新提出的模型拟合指数之一。RMSEA 值越小，模型拟合越小。当 RMSEA＝0 时，模型完美拟合；当 RMSEA<0.05 时，模型精确拟合；当 0.05<RMSEA<0.08 时，模型合理拟合；当 0.08<RMSEA<0.10 时，模型普通拟合；当 RMSEA>0.10 时，模型拟合较差。也有学者认为，当 RMSEA≤0.06 时，模型拟合良好[20]。

相对拟合指标又称增值拟合指标，是比较设定的模型与基准模型，以评价模型的改善程度。基准模型是拟合最差的模型。常用的增值拟合指标包括 Tucker-Lewis 指标（Tucker-Lewis Index，TLI）、比较拟合指标（Comparative Fit Index，CFI）等。Tucker-Lewis 指标是设定模型与基准模型进行比较，其值越小，说明设定模型拟合越差。一般认为，TLI 值小于 0.9 时，需要重新设定模型。比较拟合指标 CFI 是基准模型向设定模型移动的离中参数改善值与基准模型的离中参数值之比。CFI 的取值范围是 0~1，当 CFI≥0.9 时，认为模型可以很好地拟合数据。

除了以上绝对拟合指标和相对拟合指标之外，还有信息标准指标，它是从理论信息的角度评价模型拟合的情况。常用的信息标准指标有 AIC、BIC 等。信息标准指标可以用于比较不同的模型拟合情况，信息标准指标越小，说明该模型比其他模型拟合得更好。信息标准指标不能用于单个模型的拟合优度评价。

在结构方程模型的输出结果中,除了以上拟合优度评价指标之外,通常还会输出模型的修正系数(Modification Index,MI)。一般认为,若两个变量之间的修正系数 MI 大于 10,需要在模型中设定两者之间的相关性。将变量设定相关之后,可以提高模型的拟合程度。

10.3 隐变量显式推导

基于上述的 MIMIC 模型,可以得到隐变量和观测变量之间的关系,但是 MIMC 模型并不能从观测变量的值计算出隐变量的值。需要推导得到隐变量关于观测变量的显式表达式,再采用多元回归模型得到隐变量与观测变量之间的函数关系式。根据内生观测变量 Y 和外生观测变量 X 的测量值提取得到隐变量的值称为回归方法[22]。在回归模型的形成过程中,如果两个随机变量 η 和 Y 有有限的二阶矩和方差/协方差矩阵,那么变量 η 和 Y 之间的可能的关系式总可以写成式(10.11)[18]。

$$\eta = \alpha_0 + \alpha_1 Y + \tau \tag{10.11}$$

式中,η——隐变量;

Y——观测变量;

α_0 和 α_1——待估计的系数矩阵;

τ——误差项,其均值假定为 0,即 $E(\tau)=0$。

系数矩阵 α_1 可根据式(10.12)计算。系数矩阵 α_1 的计算和线性回归模型中最小二乘估计一样,它是变量 η 和 Y 之间的协方差乘以变量 Y 的方差矩阵的逆矩阵,如式(10.12)所示。

$$\alpha_1 = E(\eta Y')E(YY')^{-1} \tag{10.12}$$

$E(YY')$ 可在参数估计过程中推导获得,将 MIMIC 模型的基本表达式(10.11)代入 $E(\eta Y')$ 的计算中,如式(10.13)所示。

$$\begin{aligned} E(\eta Y') &= E[\eta(v_y + \Lambda_y \eta + \varepsilon)'] \\ &= E(\eta v_y' + \eta \eta' \Lambda_y' + \eta \varepsilon') \\ &= E(\eta \eta')\Lambda_y' \end{aligned} \tag{10.13}$$

然后将 $E(\eta\eta')$ 的表达式代入式(10.13)。在推导的过程中,将外生观测变量 X 视为已知固定的,因此隐变量 η 的方差等于 Ψ,$E(\eta Y')$ 的计算式如式(10.14)所示。由此,可以得到系数 α_1 的表达式为式(10.15)。

$$E(\eta Y') = \Psi \Lambda_y' \tag{10.14}$$

$$\alpha_1 = \Psi \Lambda_y' [\Lambda_y (\Gamma \Phi \Gamma' + \Psi) \Lambda_y' + \Theta]^{-1} \tag{10.15}$$

对式(10.11)左右两边取期望值,可以得到 α_0 为式(10.16)。将 MIMIC 模型的基本表达式(10.8)~式(10.10)代入,可以得到 $E(\eta)$ 和 $E(Y)$ 分别如式(10.17)和式(10.18)所示。因此,最终可以得到 α_0 如式(10.19)所示。

$$\alpha_0 = E(\eta) - \alpha_1 E(Y) \tag{10.16}$$

$$E(\eta) = E(\Gamma \xi + \zeta) = \Gamma X \tag{10.17}$$

$$\begin{aligned} E(Y) &= E(\nu_y + \Lambda_y \eta + \varepsilon) \\ &= \nu_y + \Lambda_y E(\eta) \\ &= \nu_y + \Lambda_y \Gamma X \end{aligned} \tag{10.18}$$

$$\alpha_0 = \Gamma X - \alpha_1 \Lambda_y \Gamma X - \alpha_1 \nu_y \tag{10.19}$$

将式(10.19)代入式(10.11)可得到隐变量 η 的表达式为式(10.20)。最后,将式(10.15)中系数 α_1 的计算式代入式(10.20)即可得到隐变量 η 的最终表达式。

$$\eta = \Gamma X - \alpha_1 \Lambda_y \Gamma X + \alpha_1 Y - \alpha_1 \nu_y + \tau \tag{10.20}$$

根据式(10.20),可由观测变量 X 和 Y 计算出隐变量 η,再通过回归分析的方法建立隐变量 η 和内生观测变量 Y 的关系,确定由内生观测变量 Y 计算隐变量 η 的权重系数。

10.4 结果与讨论

路面病害状态指标的 MIMIC 模型如图 10.3 所示,模型采用的数据来源于表 10.1。其中,外生观测变量 X 是沥青混合料类型 Mixture、沥青面层厚度 Thickness、铣刨深度 Mill、年平均降雨量 Precipitation、年冰冻指数

10 基于结构方程模型的路面综合性能指标计算

Freeze、结构系数 SN、等效单轴轴载 kESAL、路面运营时间 Age，内生观测变量 Y 包括表 10.1 中所列 12 种病害。由于变量非正态性，采用软件 Mplus 及其鲁棒参数估计方法 MLR 用于模型分析。由于各变量的单位不同，并且变量年平均降雨量 Precipitation 的方差大于 10^6，超过 Mplus 允许的最大值。因此，将变量标准化，即变量值减去其均值再除以标准差[23]。模型输出结果的修正系数 MI 建议将 e1 和 e12，e2 和 e10，e3 和 e11，e8 和 e10 设置为相关，如图 10.3 所示。模型经过修正之后，拟合优度得到了提高。最终模型拟合指标 RMSEA＝0.076，RMSEA 的 90％置信区间为(0.071，0.080)，CFI＝0.540，TLI＝0.460，SRMR＝0.055，说明该模型拟合好。

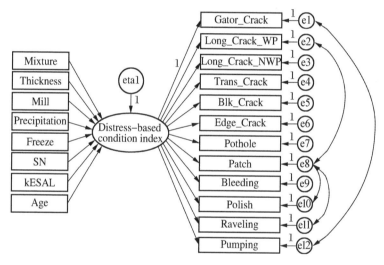

图 10.3 路面病害状态指标的 MIMIC 模型[24]

图片来源：自绘

表 10.2 所示为标准化参数估计结果。表 10.3 为估计的外生观测变量之间的相关系数以及 P 值。值得注意的是，在 MIMIC 模型中，隐变量 η 值越大，表明路面状态越差。从表 10.2 中可以看出，除了沥青混合料类型 Mixture、结构系数 SN 和等效单轴轴载 kESAL 之外，其余外生观测变量 X 均显著影响路面病害状态指标。其中，路面运营时间 Age 是显著的影响因

路面性能数据分析

表 10.2 MIMIC 模型标准化参数估计结果[24]

变量	参数估计	标准差	参数估计值/标准差	P 值
因子载荷 $\mathit{\Gamma}$				
Mixture	0.052	0.041	1.282	0.200
Thickness	−0.150	0.041	−3.676	0.000
Mill	−0.073	0.030	−2.426	0.015
Precipitation	−0.253	0.037	−6.923	0.000
Freeze	0.156	0.035	4.406	0.000
SN	0.020	0.022	0.899	0.369
kESAL	0.013	0.040	0.312	0.755
Age	0.885	0.061	14.426	0.000
因子载荷 $\mathit{\Lambda}_y$				
Gator_Crack	0.351	0.041	8.479	0.000
Long_Crack_WP	0.095	0.023	4.174	0.000
Long_Crack_NWP	0.635	0.048	13.250	0.000
Trans_Crack	0.465	0.053	8.718	0.000
因子载荷 $\mathit{\Lambda}_y$				
Blk_Crack	0.132	0.028	4.772	0.000
Edge_Crack	0.087	0.033	2.647	0.008
Pothole	0.047	0.028	1.655	0.098
Patch	0.049	0.025	1.956	0.050
Bleeding	0.012	0.046	0.250	0.803
Polish	0.060	0.027	2.220	0.026
Raveling	0.293	0.034	8.750	0.000
Pumping	0.094	0.023	4.055	0.000

表格来源:自制

10 基于结构方程模型的路面综合性能指标计算

素。沥青面层厚度增加、铣刨深度加大可以减少路面病害。年平均降雨量增加或者较暖的天气也可以缓和路面病害的发展。从表10.3可以看出,年平均降雨量Precipitation显著地负相关于年冰冻指数Freeze,这表明年平均降雨量越多,气候越暖和。这可能是导致年平均降雨量越高,路面病害状态越好的原因。年冰冻指数Freeze增加,会加剧路面的衰变。以上这些结论和已有的研究成果或者经验一致[25-30]。与其他影响因素相比,沥青混合料类型Mixture、结构系数SN和等效单轴轴载kESAL不显著,并且其因子载荷也较低。导致它们不显著的原因可能是这些影响因素是相互相关的。例如,沥青混合料类型Mixture与沥青面层厚度Thickness显著正相关,结构系数SN与铣刨深度Mill显著正相关,等效单轴轴载kESAL与年平均降雨量Precipitation显著正相关。

表10.3 外生观测变量之间的相关系数估计值以及 P 值[24]

	Mixture	Thickness	Mill	Precipitation	Freeze	SN	kESAL	Age
Mixture	1 (0.000)	0.298 (0.000)	−0.034 (0.000)	0.27 (0.000)	−0.041 (0.123)	−0.02 (0.039)	−0.068 (0.005)	0.165 (0.000)
Thickness	0.298 (0.000)	1 (0.000)	−0.11 (0.000)	0.167 (0.000)	−0.002 (0.920)	−0.047 (0.173)	−0.013 (0.591)	0.29 (0.000)
Mill	−0.034 (0.000)	−0.11 (0.000)	1 (0.000)	−0.163 (0.000)	−0.043 (0.000)	0.7 (0.000)	−0.061 (0.000)	−0.05 (0.004)
Precipitation	0.27 (0.000)	0.167 (0.000)	−0.163 (0.000)	1 (0.000)	−0.16 (0.000)	−0.151 (0.000)	−0.315 (0.000)	0.24 (0.000)
Freeze	−0.041 (0.123)	−0.002 (0.920)	−0.043 (0.000)	−0.16 (0.000)	1 (0.000)	−0.037 (0.001)	−0.153 (0.000)	−0.168 (0.000)
SN	−0.02 (0.039)	−0.047 (0.173)	0.7 (0.000)	−0.151 (0.000)	−0.037 (0.001)	1 (0.000)	−0.023 (0.283)	−0.045 (0.005)
kESAL	−0.068 (0.005)	−0.013 (0.591)	−0.061 (0.000)	−0.315 (0.000)	−0.153 (0.000)	−0.023 (0.283)	1 (0.000)	0.021 (0.449)
Age	0.165 (0.000)	0.29 (0.000)	−0.05 (0.004)	0.24 (0.000)	−0.168 (0.000)	−0.045 (0.005)	0.021 (0.449)	1 (0.000)

注:变量之间的相关系数矩阵是对称的,括号外为相关系数,括号内为 P 值。
表格来源:自制

对于内生观测变量 Y 来说,所有的因子载荷都是正值,这表明病害值越大,路面的状态越差。对于标准化后的数据,变量 Gator_Crack、Long_Crack_NWP、Trans_Crack 是比其他变量更强的测量指标,表明龟裂、非轮迹带纵向裂缝、横向裂缝可以更好地反映隐式病害状态指标。需要注意的是,某些病害如坑槽和轮迹带纵向裂缝对于路面病害状况影响很大,但是得到的系数较小,这是因为它们出现的频率或者说标准差低于其他常出现的病害。一旦这些病害出现,其标准化后的值大,标准化后的值与因子载荷的乘积值也大。

与路面状态指标 PCI 类似,将路面病害状态指标的范围转换到 $0\sim100$ 范围内,利用多元回归模型得到转换后的 η 与路面病害观测变量 Y 之间的关系式。值得注意的是,多元回归模型中的 Y 是原始值,并非标准化后的值。为了验证模型的预测性能,随机选择 80% 的样本为训练集,剩下的 20% 的样本作为验证集。训练集的数据用于参数估计,验证集的数据用于验证模型是否具有很好的验证性能。根据训练集得到的参数估计结果如图 10.4 所示。训练集和验证集的 R^2 分别是 0.651 和 0.636。相近的 R^2 表明该模型具有很好的预测性能,同时可知约 65% 的样本能被模型解释。另外,对残差进行诊断以检验回归模型的残差是否满足正态分布的假设,结果如图 10.5 所示。从图中可以看出,残差点均分布在对角线附近。正态假设检验的结果表明残差的均值为 -3.84×10^{-12},P 值为 0.013,这表明在显著性水平为 0.05 的情况下,残差满足正态分布。

从图 10.4(a) 可以看出,龟裂 Gator_Crack、轮迹带纵向裂缝 Long_Crack_WP、非轮迹带纵向裂缝 Long_Crack_NWP、横向裂缝 Trans_Crack、块裂 Blk_Crack、边裂 Edge_Crack、补丁 Patch 和泛油 Bleeding 都是显著变量。对于 PCI,病害包括坑槽、补丁、龟裂、纵/横向裂缝和块裂的扣除值比其他病害高,这和本章得到的变量参数估计结果是一致的,如图 10.4(a) 所示。对比表 10.2 和图 10.4(a) 中的结果可以发现,某些病害如泛油在表 10.2 中显著,但是在图 10.4(a) 中非显著,这是因为表 10.2 中的结果是在同时考虑

10 基于结构方程模型的路面综合性能指标计算

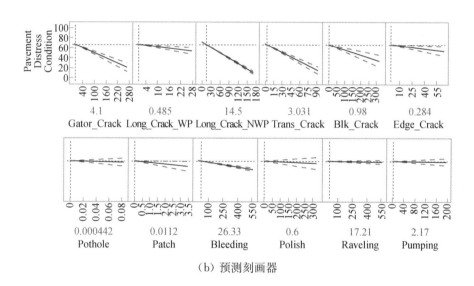

(a) 参数估计结果

(b) 预测刻画器

图 10.4　路面病害状态指标多元回归结果[24]

图片来源：自绘

病害和影响因素对于隐病害状态指标的作用的基础上得到，而图 10.4(a)只研究病害和隐病害状态之间的关系。这种不一致是由于病害测量值对影响因素的敏感性导致的。

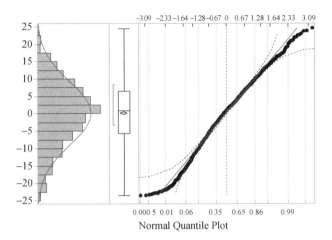

图 10.5　回归残差的正态分位数图[24]

图片来源:自绘

参考文献

[1] ASTM D6433-99. Standard Practice for Roads and Parking Lots Pavement Condition Index Surveys:West Conshohocken[S]. PA:American Society for Testing and Materials,1999.

[2] GHARAIBEH N G,ZOU Y,SALIMINEJAD S. Assessing the Agreement among Pavement Condition Indexes[J]. Journal of Transportation Engineering,2009,136(8):765-772.

[3] BEN-AKIVA M,RAMASWAMY R. An Approach for Predicting Latent Infrastructure Facility Deterioration[J]. Transportation Science,1993,27(2):174-193.

[4] MUTHéN B,MUTHéN L. Mplus Version 7:User's guide[Z]. Los Angeles,CA:Muthén & Muthén,2012.

[5] SHAFIZADEH K,MANNERING F. Acceptability of Pavement Roughness on Urban Highways by Driving Public[J]. Transportation Research Record,2003(1860):187-193.

[6] ELDIN N N, SENOUCI A B. A Pavement Condition-Rating Model Using Backpropagation Neural Networks[J]. Computer-Aided Civil and Infrastructure Engineering, 1995, 10(6):433-441.

[7] CHEN X, DONG Q, ZHU H, et al. Development of distress condition index of asphalt pavements using LTPP data through structural equation modeling[J]. Transportation Research Part C: Emerging Technologies, 2016, 68:58-69.

[8] APPLIED RESEARCH ASSOCIATE. Guide for mechanistic-empirical design of new and rehabilitated pavement structures[R]. Champaign, IL, 2004.

[9] QIU S, XIAO D X, HUANG S, et al. A Data-Driven Method for Comprehensive Pavement-Condition Ranking [J]. Journal of Infrastructure Systems, 2016, 22(2):04015024. https://ascelibrary.org/doi/abs/10.1061/(ASCE)IS.1943-555X.0000279.

[10] WRIGHT S. On the nature of size factors[J]. Genetics, 1918, 3(4):367.

[11] KHINE M S. Application of structural equation modeling in educational research and practice[M]. Rotterdam:Sense Publishers, 2013.

[12] KLINE R B. Principles and Practice of Structural Equation Modeling [M]. New York: Guilford Publications, 2015.

[13] HASSAN H M, ABDEL-ATY M A. Analysis of drivers' behavior under reduced visibility conditions using a Structural Equation Modeling approach[J]. Transportation Research Part F: Traffic Psychology and Behaviour, 2011, 14(6):614-625.

[14] LEE J-Y, CHUNG J-H, SON B. Analysis of traffic accident size for Korean highway using structural equation models[J]. Accident Analysis & Prevention, 2008, 40(6):1955-1963.

[15] MOKHTARIAN P L, MEENAKSHISUNDARAM R. Beyond tele-substitution: disaggregate longitudinal structural equations modeling of communication impacts[J]. Transportation Research Part C: Emerging Technologies, 1999, 7(1):33-52.

[16] CHENG Y-H, HUANG T-Y. High speed rail passengers' mobile ticketing adoption[J]. Transportation Research Part C: Emerging Technologies, 2013, 30:143-160.

[17] JOU R-C, CHIOU Y-C, KE J-C. Impacts of impression changes on freeway driver intention to adopt electronic toll collection service[J]. Transportation Research Part C: Emerging Technologies, 2011, 19(6):945-956.

[18] BEN-AKIVA M, RAMASWAMY R. Estimation of latent pavement performance from damage measurements [D]. Cambridge, Massachusetts Institute of Technology, 1989.

[19] CHU C Y, DURANGO-COHEN P L. Incorporating maintenance effectiveness in the estimation of dynamic infrastructure performance models[J]. Computer—Aided Civil and Infrastructure Engineering, 2008, 23(3):174-188.

[20] 王济川, 王小倩, 姜宝法. 结构方程模型: 方法与应用[M]. 北京: 高等教育出版社, 2011.

[21] KLINE R B. Principles and practice of structural equation modeling [M]. New York:The Guilford Press, 2010.

[22] JOHNSON R A, WICHERN D W. Applied multivariate statistical analysis[M]. Hoboken, NJ: Peasrson Education International, 2002.

[23] MUTHÉN L K, MUTHÉN B O. Mplus User's Guide: Statistical Analysis with Latent Variables: User's Guide[M]. Los Angeles: Muthén & Muthén, 2010.

[24] CHEN X, DONG Q, ZHU H, et al. Development of distress condition index of asphalt pavements using LTPP data through structural equation modeling[J]. Transportation Research Part C: Emerging Technologies, 2016, 68:58-69.

[25] CHEN D, LIN D, LUO H. Effectiveness of preventative maintenance treatments using fourteen SPS-3 sites in Texas[J]. Journal of Performance of Constructed Facilities, 2003, 17(3):136-143.

[26] DONG Q, JIANG X, HUANG B, et al. Analyzing influence factors of transverse cracking on LTPP resurfaced asphalt pavements through NB and ZINB models[J]. Journal of Transportation Engineering, 2013, 139(9):889-895.

[27] HAIDER S W, CHATTI K. Effect of design and site factors on fatigue cracking of new flexible pavements in the LTPP SPS-1 experiment[J]. International Journal of Pavement Engineering, 2009, 10(2):133-147.

[28] HALL K, CORREA C, SIMPSON A. Performance of Flexible Pavement Rehabilitation Treatments in the Long-Term Pavement Performance SPS-5 Experiment[J]. Transportation Research Record, 2003(1823):93-101.

[29] WANG Y, MAHBOUB K C, HANCHER D E. Survival analysis of fatigue cracking for flexible pavements based on long-term pavement performance data[J]. Journal of Transportation Engineering, 2005, 131(8):608-616.

[30] DONG Q, HUANG B. Evaluation of Influence Factors on Crack Initiation of LTPP Resurfaced-Asphalt Pavements Using Parametric Survival Analysis[J]. Journal of Performance of Constructed Facilities, 2014, 23(2):412-421.

11 路面性能衰变马尔可夫链模型

11.1 背景

离散有序变量的离散是相对连续变量而言,有序是指变量的大小能够表示某种顺序关系。在很多情况下,基础设施性能都可用离散有序的状态值表示,如将桥梁面板的状态分为 10 个等级[1],根据 PCI 的取值将路面状态分为 8 个等级[2-3]或依据 PSR 值分为 5 个等级[4],地下污水管道的状态分为 3 个等级[5]。离散有序状态值可以通过对连续的状态指标进行分类得到,如道路指标 PCI[2]和 PSI[6],裂缝面积[7]。划分的依据可以是定距划分,也可以是定比划分。马尔可夫链是一种常用的离散有序概率模型。

本章研究基于马尔可夫链的路面性能衰变模型。路面长期性能数据库 LTPP 记录了路面的养护信息(包括时间、次数和具体措施),因此在连续的两次养护时间内,路面没有接受其他的养护措施。将 LTPP 中的数据进行整理得到每隔一年的数据,并且得到每一列数据前一年的测量数据。然后,将异常值删除,即路面前一年的性能更好的数据。如此处理过的数据满足以下两个方面的要求:

(1) 研究路段在其样本数据对应的时间内没有采取养护措施;

(2) 对于同一个研究区段来说,其样本数据对应的时间应连续。

按照以上要求处理数据之后发现路面病害包括车辙、裂缝等的样本量少，不足以用于性能衰变分析。选取了平整度 IRI 指标进行分析，共有 2 348 个样本，包含 710 个路段。根据研究者提出的 IRI 与 PSI 间关系[8-10]，采用式(11.1)计算 PSI，IRI 的单位是 m/km。

$$PSI = 5 \times \exp(-0.348\,5 IRI) \tag{11.1}$$

PSI 取值范围是 0～5，将其划分为 5 个类别：0～1，很差；1～2，差；2～3，中；3～4，好；4～5，很好。表 11.1 为基于 PSI 的分类结果，统计得到处于各个状态的样本频率，发现没有样本处于状态 0，实际样本只有 1，2，3，4 这四个状态值。

表 11.1 沥青路面状态分类

IRI 的取值范围	PSI 的取值范围	状态描述	状态值	频率/%
(4.62, +∞)	[0, 1)	很差	0	0
(2.63, 4.62]	[1, 2)	差	1	0.3
(1.46, 2.63]	[2, 3)	中	2	9.4
(0.64, 1.46]	[3, 4)	好	3	82.5
(0, 0.64]	[4, 5)	很好	4	7.8

表格来源：自制

11.2 马尔可夫过链

11.2.1 马尔可夫过程

随机过程由一系列时间点 t 对应的随机变量 $X(t)$ 组成，记为式(11.2)。

$$\{X(t), t \in T\} \tag{11.2}$$

研究随机过程的目的之一是用于预测未来。若当前时刻 t 的状态为 i，A 代表过去的状态，未来时刻 s 的状态 j 的条件概率分布为式(11.3)，表示在当前 t 状态 i，以及过去状态 A 为已知的条件下，未来 s 状态为 j 的可能性。

$$P\{x(s)=j|x(t)=i,A\} \tag{11.3}$$

若随机过程 $X(t)=\{x(t),t=0,1,2,\cdots\}$ 的条件概率满足式(11.4),即对任何 $s>t$ 及 $i\in E,j\in E$ 成立,即与过去状态 A 无关,则称该随机过程为马尔可夫过程,上述特性称为无记忆性或无后效性。

$$P\{x(s)=j|x(t)=i,A\}=P\{x(s)=j|x(t)=i\} \tag{11.4}$$

11.2.2 马尔可夫链

马尔可夫链是一类特殊的马尔可夫过程,特指状态 i 及 j 的个数是可数的;因状态个数可数,可用初等概率中的条件概率和乘法公式以及全概率公式等对过程的统计特性进行描述。根据时间上的连续与否,马尔可夫链也可分为离散时间马尔可夫链及连续时间马尔可夫链。

在马尔可夫链 $\{x(t),t=0,1,2,\cdots\}$ 中,当 $s=t+1$ 时,条件概率 $P\{x(t+1)=j|x(t)=i\}$ 不仅依赖于状态 i 与 j,而且依赖于当前时刻 t。若马尔可夫链的条件概率与当前时刻 t 无关,则称为齐次马尔可夫链。齐次马尔可夫链的一个重要性质是:无论从什么时刻开始,系统未来的状态变化过程的统计规律总是一致的。齐次马尔可夫链的条件概率也可记为式(11.5)。

$$p_{ij}=\{x(t+1)=j|x(t)=i\} \tag{11.5}$$

转移概率矩阵如式(11.6)所示,在此转移矩阵 $\boldsymbol{P}$ 中,第一行元素表面在当前为 0 的状态下,未来状态分别取 $0,1,\cdots,k$ 的概率。由于未来状态只能取这 k 个状态中的一个,有 $p_{00}+p_{01}+\cdots+p_{0k}=1$,同样,转移矩阵 $\boldsymbol{P}$ 中的第二行元素 $p_{10},p_{11},\cdots p_{1k}$ 表征了在当前状态为 2 的条件下,未来状态分别取 $0,1,\cdots,k$ 的概率。

$$\boldsymbol{P}=\begin{pmatrix} p_{00} & p_{01} & \cdots & p_{0k} \\ p_{10} & p_{11} & \cdots & p_{1k} \\ \vdots & \vdots & \ddots & \vdots \\ p_{k0} & p_{k1} & \cdots & p_{kk} \end{pmatrix} \tag{11.6}$$

11.2.3 平稳状态

对于齐次马尔可夫链,只要知道变量的当前状态及转移矩阵,就可以对未来的状况进行预测。马尔可夫链平稳分布的定义是:如果一个非周期马氏链具有转移概率矩阵 P,且它的任何两个状态是连通的,那么,存在 $\lim_{n \to \infty} P_{ij}^n$ 且与 i 无关,记 $\lim_{n \to \infty} P_{ij}^n = \pi_j$,式(11.7)和式(11.8)成立。

$$\lim_{n \to \infty} P^n = \begin{pmatrix} \pi(1) & \pi(2) & \cdots & \pi(j) & \cdots \\ \pi(1) & \pi(2) & \cdots & \pi(j) & \cdots \\ \cdots & \cdots & \cdots & \cdots & \cdots \\ \pi(1) & \pi(2) & \cdots & \pi(j) & \cdots \end{pmatrix} \tag{11.7}$$

$$\pi(j) = \sum_{i=0}^{\infty} \pi(i) P_{ij} \tag{11.8}$$

π 是方程 $\pi P = \pi$ 的唯一非负解,并且满足式(11.9),π 称为马尔可夫链的平稳分布。

$$\pi = [\pi(1), \pi(2), \cdots, \pi(j), \cdots], \quad \sum_{i=0}^{\infty} \pi_i = 1 \tag{11.9}$$

马尔可夫链的这种能够达到平稳分布状态的性质称为遍历性。将遍历性应用于工程技术中可以表示为,一个系统经过相当长时间后会达到平衡状态,系统处于各个状态的概率分布既不依赖于初始状态,也不再随时间推移而改变。将遍历性应用到抽样中即为:若抽样样本组成的马尔可夫链具有遍历性,当抽样次数足够大时,不论初始样本从哪里开始,最终的样本都将趋于真实分布 π_j。

11.3 路面性能转移概率矩阵求解

马尔可夫链中最重要的内容是转移概率矩阵。对于齐次马尔可夫链,若一步转移概率矩阵为 P,经过 t 步之后,转移概率矩阵为 P^t。由于路面衰变过程与初始状态有关,并且衰变速率随时间变化,因此其衰变过程并不是齐次马尔可夫过程。由于路面衰变过程受交通量、环境等因素的影响,因此可采用有序概率模型定量化影响因素对于衰变过程的影响,建立路面衰变过程的转移概率矩阵。首先,路面在衰变过程中的状态只会变差或者停留在原来状态。因此,对于有 j 个状态的路面,其衰变过程的转移概率矩阵可用式(11.10)表示。

$$\boldsymbol{P}=\begin{pmatrix} p_{jj} & p_{j(j-1)} & \cdots & p_{j2} & p_{j1} \\ 0 & p_{(j-1)(j-1)} & \cdots & p_{(j-1)2} & p_{(j-1)1} \\ \vdots & \vdots & \ddots & \vdots & \vdots \\ 0 & 0 & \cdots & p_{22} & p_{21} \\ 0 & 0 & \cdots & 0 & p_{11} \end{pmatrix} \quad (11.10)$$

从式(11.10)可以看出,转移概率矩阵是一个上三角矩阵。该转移概率矩阵的各元素应该满足下列四个条件:

(1) 转移概率矩阵各元素的值位于 $[0,1]$ 区间,即 $0 \leqslant P_{ab} \leqslant 1$,其中 $a,b=1,2,\cdots,j$。

(2) 若预测期内不采取养护措施,路面不会向更好的状态转移,即当 $a<b$ 时,$P_{ab}=0$。

(3) 处于某一状态的路面向其他状态转移的概率之和为1,即 $\sum_b P_{ab}=1$。

(4) 在不采取养护措施时,路面达到最差的状态后,不会向其他状态转移,即 $P_{11}=1$。

式(11.10)每一行的转移概率通过有序概率模型计算,对于有 j 个状态的路面来说,需计算 $j-1$ 个有序概率模型才能确定转移概率矩阵中的所有元素。当路面在 $t-1$ 时刻的初始状态 $y_i=j$ 时,各转移概率可通过式(11.11)计算。其中,$u_{j(j-1)}$ 是初始状态 $y_i=j$ 的有序概率模型的第 $j-1$ 个切割点;$\boldsymbol{\beta}_j$ 是初始状态 $y_i=j$ 的有序概率模型的解释变量的待估参数。

$$p_{jj}=p(y_i=j,t|y_i=j,t-1)=1-p_{j(j-1)}-\cdots-p_{j2}-p_{j1}$$
$$p_{j(j-1)}=p(y_i=j-1,t|y_i=j,t-1)=\phi(u_{j(j-1)}-\boldsymbol{\beta}'_j\boldsymbol{X}_i)-\phi(-\boldsymbol{\beta}'_j\boldsymbol{X}_i)$$

11 路面性能衰变马尔可夫链模型

$$\vdots$$

$$p_{j2}=p(y_i=2,t|y_i=j,t-1)=\phi(u_{j2}-\boldsymbol{\beta}'_j\boldsymbol{X}_i)-\phi(u_{j1}-\boldsymbol{\beta}'_j\boldsymbol{X}_i)$$

$$p_{j1}=p(y_i=1,t|y_i=j,t-1)=\phi(u_{j1}-\boldsymbol{\beta}'_j\boldsymbol{X}_i) \tag{11.11}$$

当路面在 $t-1$ 时刻的初始状态 $y_i=j-1$ 时,各转移概率可通过式(11.12)计算。其中,$u_{(j-1)(j-2)}$ 是初始状态 $y_i=j$ 的有序概率模型的第 $j-2$ 个切割点;$\boldsymbol{\beta}_{j-1}$ 是初始状态 $y_i=j$ 的有序概率模型的解释变量的待估参数。

$$p_{(j-1)(j-1)}=p(y_i=j-1,t|y_i=j-1,t-1)$$
$$=1-p_{(j-1)(j-2)}-\cdots-p_{(j-1)2}-p_{(j-1)1}$$
$$p_{(j-1)(j-2)}=p(y_i=j-2,t|y_i=j-1,t-1)$$
$$=\phi(u_{(j-1)(j-2)}-\boldsymbol{\beta}'_{(j-1)}\boldsymbol{X}_i)-\phi(u_{(j-1)(j-3)}-\boldsymbol{\beta}'_{(j-1)}\boldsymbol{X}_i)$$
$$\vdots$$
$$p_{(j-1)2}=p(y_i=2,t|y_i=j-1,t-1\boldsymbol{X}_i)$$
$$=\phi(u_{(j-1)2}-\boldsymbol{\beta}'_{(j-1)}\boldsymbol{X}_i)-\phi(u_{(j-1)1}-\boldsymbol{\beta}'_{(j-1)}\boldsymbol{X}_i)$$
$$p_{(j-1)1}=p(y_i=1,t|y_i=j-1,t-1)$$
$$=\phi(u_{(j-1)1}-\boldsymbol{\beta}'_{(j-1)}\boldsymbol{X}_i) \tag{11.12}$$

当路面在 $t-1$ 时刻的初始状态 y_i 处于其他状态时,可以通过类似的方法进行计算。特别的,当路面在 $t-1$ 时刻的初始状态 $y_i=1$ 时,其转移概率 $P_{11}=1$。

基于式(11.11)或式(11.12)计算得到转移概率,并代入式(11.10)可得转移概率矩阵。由于转移概率矩阵的解释变量之一是路面服役时间,因此是随时间变化的。计算得到各个时刻的转移概率矩阵,就可以利用马尔可夫链计算在时刻 T 路面处于各个状态的概率。假设已知 0 时刻路段 i 处于各状态的概率为 $\boldsymbol{S}_i^0=(s_{ij}^0,s_{i(j-1)}^0,\cdots,s_{i2}^0,s_{i1}^0)$,那么在 T 时刻路段 i 处于各状态的概率 S_i^T 可通过式(11.13)计算。

$$\boldsymbol{S}_i^T=(s_{ij}^T \quad s_{i(j-1)}^T \quad \cdots \quad s_{i2}^T \quad s_{i1}^T)\times$$

$$\prod_{t=1}^{T} \begin{bmatrix} p_{jj}^t & p_{j(j-1)}^t & \cdots & p_{j2}^t & p_{j1}^t \\ 0 & p_{(j-1)(j-1)}^t & \cdots & p_{(j-1)2}^t & p_{(j-1)1}^t \\ \vdots & \vdots & \ddots & \vdots & \vdots \\ 0 & 0 & \cdots & p_{22}^t & p_{21}^t \\ 0 & 0 & \cdots & 0 & p_{11} \end{bmatrix} \quad (11.13)$$

得到路段 i 在时刻 T 处于各个状态的概率之后,可将状态值与相应的概率相乘得到路段 i 在时刻 T 的平均状态值,如式(11.14)所示。

$$\bar{y}_i^T = j \times s_{ij}^T + (j-1) \times s_{i(j-1)}^T + \cdots + 2 \times s_{i2}^T + 1 \times s_{i1}^T \quad (11.14)$$

11.4 有序概率模型

有序概率模型(Ordered Probit Model)是一种分析有序因变量和自变量之间关系的模型[11-12]。其中,因变量是离散有序变量,一般要超过两个离散值。将有序概率模型应用于路面性能模型的过程如下。

令 y_i 表示路面第 i 个区段的状态值,y_i 是离散且有序的。y_i 的最小值是 1,路面性能一般可分为 5 个等级;y_i^*($-\infty < y_i^* < +\infty$)表示路面第 i 个区段潜在的状态值,y_i^* 是连续变量;X_i 是自变量,在此表示路面性能的影响因素;j 表示离散状态值的个数。假设连续隐变量 y_i^* 与影响因素 X_i 之间的关系式如式(11.15)所示。

$$y_i^* = \boldsymbol{\beta}' \boldsymbol{X}_i + \varepsilon_i \quad (i=1,2,\cdots,n) \quad (11.15)$$

$$\varepsilon_i \sim N(0,1) \quad (11.16)$$

式中,n——表示路面样本总数量,i 的取值范围是从 1 到 n;

$\boldsymbol{X}_i = (x_{i1}, x_{i2}, \cdots, x_{iq})$ 是区段 i 的影响因素(或解释变量);

q——解释变量的个数;

$\boldsymbol{\beta} = (\beta_1, \beta_2, \cdots, \beta_q)$ 是解释变量的待估参数;

ε_i——误差项,假设其满足标准正态分布。

离散状态值 y_i 和连续状态值 y_i^* 通过切割点 $\boldsymbol{u}$ 建立如式(11.17)所示的

关系式。式(11.17)表示的是：如果连续状态值y_i^*的值落入区间(u_{k-1}, u_k)内，那么离散状态值y_i为k。通过这种方法，切割点$\boldsymbol{u}$将连续隐变量y_i^*分成不同的状态值，其中$u_0 = -\infty, u_j = +\infty$。

$$y_i = k, \quad \text{if } u_{k-1} < y_i^* < u_k (k=1,2,\cdots,j) \tag{11.17}$$

将式(11.15)代入式(11.17)中，可以得到式(11.18)。

$$y_i = k, \quad \text{if } u_{k-1} - \boldsymbol{\beta}'\boldsymbol{X}_i < \varepsilon_i < u_k - \boldsymbol{\beta}'\boldsymbol{X}_i (k=1,2,\cdots,j) \tag{11.18}$$

由于误差项ε_i满足标准正态分布，因此$y_i = k$的概率可以通过标准正态分布的累积分布函数$\phi(\cdot)$来计算，如式(11.19)所示。特别的，当$y_i = 1$时，其概率值通过式(11.20)计算；当$y_i = j$时，其概率值通过式(11.21)计算。如图11.1所示为当有6个离散状态值y_i时，处于各状态的概率示意图。当$y_i = 2$时，阴影部分面积即为概率值。

$$P(y_i = k) = \phi(u_k - \boldsymbol{\beta}'\boldsymbol{X}_i) - \phi(u_{k-1} - \boldsymbol{\beta}'\boldsymbol{X}_i) \quad (k=1,2,\cdots,j) \tag{11.19}$$

$$P(y_i = 1) = \phi(u_1 - \boldsymbol{\beta}'\boldsymbol{X}_i) \tag{11.20}$$

$$P(y_i = j) = 1 - P(y_i = 1) - P(y_i = 2) - \cdots - P(y_i = j-1) \tag{11.21}$$

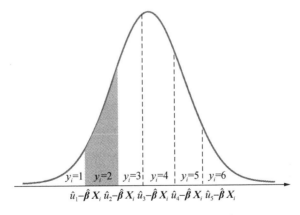

图11.1 处于每个状态的概率值示意图

图片来源：自绘

采用极大似然估计法估计待估参数$\boldsymbol{\beta}$和切割点$\boldsymbol{u}$，似然函数如式(11.22)所示。其中，z_{ik}是一个指示变量，当$y_i = k$时，$z_{ik} = 1$；其余情况下，

$z_{ik}=0$。通常采用自然对数将式(11.22)进行转换得到式(11.23)以便于参数估计,最大化对数似然函数即可得到参数估计值。

$$L = \prod_{i=1}^{n}\prod_{k=1}^{j}[\phi(u_k - \boldsymbol{\beta}'\boldsymbol{X}_i) - \phi(u_{k-1} - \boldsymbol{\beta}'\boldsymbol{X}_i)]^{z_{ik}} \quad (11.22)$$

$$\ln(L) = \sum_{i=1}^{n}\sum_{k=1}^{j}z_{ik}\ln[\phi(u_k - \boldsymbol{\beta}'\boldsymbol{X}_i) - \phi(u_{k-1} - \boldsymbol{\beta}'\boldsymbol{X}_i)] \quad (11.23)$$

11.5 结果与讨论

选取两个路段,参数如表11.2,可以发现:路段1的有利影响因素的值,包括变量Thickness、Mill、Precipitation和SN,大于路面2相应变量的值;路段1的不利影响因素Freeze的值小于路段2的值;由于变量kESAL的系数很小(分别是-0.170×10^{-3}、-3.770×10^{-5}和0),因此kESAL的差异导致的影响很小。

表 11.2 路段参数列表

变量	路段1	路段2
Mixture	0	0
Thickness(cm)	5.08	3.048
Mill/cm	5.08	0
Precipitation(cm)	2542.2	698.3
Freeze(℃-day)	96.6	240
SN	5.1	3.5
kESAL	133	76

表格来源:自制

实际工程中,由于受到影响因素的作用,路面性能变化马尔可夫链模型的转移矩阵并非齐次。根据LTPP数据库中路面损坏过程,将路面性能分为4个状态,计算得到如式(11.24)所示的转移矩阵。该转移矩阵为材料、路面结构承载力、交通量、环境等变量的函数,下一章中将专门研究如何采用蒙特卡洛马尔可夫抽样的贝叶斯算法计算该转移矩阵。

$$\boldsymbol{P} = \begin{pmatrix} 1-p_{43} & p_{43} & 0 & 0 \\ 0 & 1-p_{32} & p_{32} & 0 \\ 0 & 0 & 1-p_{21} & p_{21} \\ 0 & 0 & 0 & 1 \end{pmatrix} \quad (11.24)$$

将上述两个路段的变量值代入下一章中计算的转移概率矩阵中，分别得到转移概率随时间的变化区段如图 11.2 所示。从图 11.2 可以看出，随着时间的增长，路面停留在原有状态的概率（包括 p_{44}、p_{33} 和 p_{22}）逐渐降低；并且概率降低的程度排序为：$p_{44}>p_{33}>p_{22}$，这说明路面的初始状态越好，随着时间增长，继续停留在该状态的概率越小。随着时间的增长，路面向更差的状态转移的概率（包括 p_{43}、p_{32} 和 p_{21}）逐渐增长；并且概率增长的幅度排序为：$p_{43}>p_{32}>p_{21}$，这说明路面的初始状态越好，随着时间增长，向更差的状态转移的概率越大。

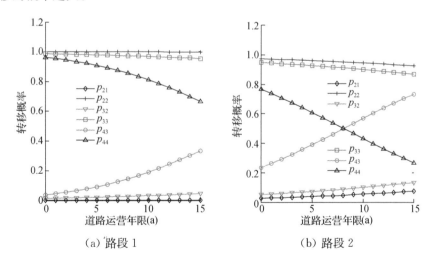

(a) 路段 1 　　　　　　　　(b) 路段 2

图 11.2　路面转移概率随时间变化曲线

图片来源：自绘

假定这两个路面在第 0 年的初始状态 $y=4$，即 $P(y=4)=1$。将图 11.2 得到的转移概率矩阵代入式（11.13）中，可以得到路面处于各个状态的概率随时间的变化曲线图,如图 11.3 所示。对于路段 1 来说,随着时间的增长,路面处于状态 4 的概率减小;路面处于状态 3、状态 2 和状态 1 的概率逐渐增加。对于路面 2 来说,随着时间的增长,路面处于状态 4 的概率迅速减小;路面处于状态 3 的概率先增加,达到峰值,后逐渐减小;路面处于状态 2 的概率逐渐增加,在第 15 年左右达到峰值;路面处于状态 1 的概率逐渐增加。对比路面 1 和路面 2,可以发现路面 1 的衰变速率小于路面 2,这是它们不同影响因素的值导致的。另外,总结路面 1 和路面 2 的共同点,可以总结出:随着时间的增加,任何路面处于最好的状态 4 概率减小;处于最差的状态 1 概率上升;而处于中间状态(包括状态 3 和状态 2)的概率可能在设计年限内一直增加,也可能先增加达到峰值后逐渐减小,这取决于影响因素对于衰变速率的影响大小。

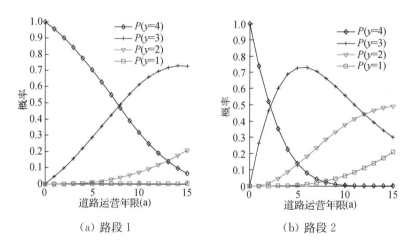

(a) 路段 1　　　　　　　　(b) 路段 2

图 11.3　路面处于各个状态的概率预测值

图片来源:自绘

参考文献

[1] FHWA. Recording and coding guide for structure inventory and appraisal of the nation's bridges[R]. Washington, D. C.: U. S. Department of Transportation, 1995.

[2] CAMAHAN J V, WU M I, SHAHIN M Y, et al. Optimal Maintenance Decisions for Pavement Management[J]. Journal of Transportation Engineering, 1987, 113(5):554-572.

[3] MADANAT S, MISHALANI R, IBRAHIM W H W. Estimation of Infrastructure Transition Probabilities from Condition Rating Data [J]. Journal of infrastructure systems, 1995, 1(2):120-125.

[4] CAREY W, IRICK P. The pavement serviceability-performance concept[Z]. Highway Research Board Bulletin, 1960, 250:1-20.

[5] TRAN D H, NG A W M, MCMANUS K J, et al. Prediction models for serviceability deterioration of stormwater pipes[J]. Structure and Infrastructure Engineering, 2008, 4(4):287-295.

[6] LI Z. A probabilistic and adaptive approach to modeling performance of pavement infrastructure[D]. Austin: The University of Texas, 2005.

[7] WANG Y. Ordinal Logistic Regression Model for Predicting AC Overlay Cracking [J]. Journal of Performance of Constructed Facilities, 2013, 27(3):346-353.

[8] GULEN S, WOODS R, WEAVER J, et al. Correlation of present serviceability ratings with international roughness index [J]. Transportation Research Record, 1994(1435):27-37.

[9] AL-OMARI B, DARTER M I. Relationships between international roughness index and present serviceability rating[J]. Transportation Research Record, 1994(1435):130-136.

[10] GILLESPIE T D. Everything you always wanted to know about the IRI, but were afraid to ask[R]. Nebraska, 1992.

[11] DAYKIN A R, MOFFATT P G. Analyzing Ordered Responses: A Review of the Ordered Probit Model[J]. Understanding Statistics, 2002, 1(3):157-166.

[12] STATA CORPORATION. Stata user's guide: release 14[M]. College Station, TX: StataCorp LP, Stata Press, 2015.

12 基于蒙特卡洛采样的路面性能转移概率矩阵求解

12.1 背景

路面性能数据中普遍存在的一个问题是模型参数估计精度不高,主要由样本量不足导致。为了提高参数估计精度,一种有效的方法是贝叶斯分析。贝叶斯分析是利用条件概率原理,通过参数先验分布和似然函数减小参数后验分布的不确定性,从而提高参数估计精度。在已有历史检测数据的基础上,采用以上章节的方法可以得到模型相应的参数。随着新检测数据的更新,可利用历史数据得到的参数估计值作为先验估计,采用贝叶斯方法,将模型参数进行更新,使得模型预测性能提高。

本章研究将马尔可夫蒙特卡洛(Markov Chain Monte Carlo, MCMC)采样方法用于计算上一章中需要的马尔可夫链转移概率矩阵。选取了 LTPP 数据库中沥青路面罩面类养护路段,在两次养护间隔内没有任何养护措施的路面性能数据,整理得到每年的性能数据,以及每年性能数据对应的前一年的交通、环境等数据。删除路面性能随时间上升这样的异常值。如此处理过的数据满足上一章中基于马尔可夫链的衰变模型对于数据的两个要求。

12.2 贝叶斯分析

12.2.1 先验与后验分布

对于一个典型的贝叶斯分析问题来说,未知参数的后验分布(Posterior Distribution)通过似然方程(Likelihood Function)和先验分布(Prior Distribution)估计得到。令 $\boldsymbol{\theta}=(\theta_1,\theta_2,\cdots,\theta_m)$ 表示未知参数矢量,D 表示观测样本。假定待估参数 $\boldsymbol{\theta}$ 的先验分布的概率密度函数(PDF)为 $\pi(\boldsymbol{\theta})$,似然函数为 $L(D|\boldsymbol{\theta})$。根据贝叶斯定律可知,在已知样本 D 和先验概率密度函数 $\pi(\boldsymbol{\theta})$ 的前提下,待估参数 $\boldsymbol{\theta}$ 的后验概率密度函数 $p(\boldsymbol{\theta}|D)$ 可以通过式(12.1)计算。

$$p(\boldsymbol{\theta}\mid D) = \frac{L(D\mid \boldsymbol{\theta})\pi(\boldsymbol{\theta})}{\int L(D\mid \boldsymbol{\theta})\pi(\boldsymbol{\theta})\mathrm{d}\boldsymbol{\theta}} \tag{12.1}$$

式中,$\int L(D\mid \boldsymbol{\theta})\pi(\boldsymbol{\theta})\mathrm{d}\boldsymbol{\theta}$ ——样本 D 的边缘分布,其独立于待估参数 $\boldsymbol{\theta}$。

因此,式(12.1)可以写成式(12.2)。

$$p(\boldsymbol{\theta}|D) \propto L(D|\boldsymbol{\theta})\pi(\boldsymbol{\theta}) \tag{12.2}$$

其中,符号 $\propto$ 表示正比于。式(12.2)表示后验概率密度与似然函数和先验概率密度函数的乘积成比例。

式(12.1)或式(12.2)中后验分布 $p(\boldsymbol{\theta}|D)$ 综合了待估参数 $\boldsymbol{\theta}$ 的先验信息和样本中关于 $\boldsymbol{\theta}$ 的信息。对样本进行抽样后,关于待估参数 $\boldsymbol{\theta}$ 有了新的认识,因此其分布得到了更新。得到后验分布之后,可对待估参数 $\boldsymbol{\theta}$ 做估计、假设检验等推断。若后验分布过于复杂,待估参数 $\boldsymbol{\theta}$ 的期望值估计等由于有积分运算也会很复杂;当后验分布是多元分布时,多重积分愈是复杂。这些缺陷都阻碍了贝叶斯方法的发展,因此需要将随机抽样的方法运用到贝叶斯方法中。

12.2.2 贝叶斯有序概率模型

可将贝叶斯分析中的似然函数设定为有序概率模型,利用 MCMC 方法进行抽样，得到有序概率模型中待估参数的后验分布。由于 MCMC 方法中马尔可夫链会收敛到平稳分布，并且样本会接近参数的真实分布。因此，采用贝叶斯有序概率模型结合 MCMC 抽样，即利用了参数的先验分布信息，将先验分布信息进行更新，并且得到的参数估计更加准确。构建沥青路面 IRI 的衰变模型，可将样本分为 j 组，分别计算 j 组有序概率模型得到条件概率，从而得到转移概率矩阵，最后利用马尔可夫链得到路面 IRI 随时间的衰变。

12.3 蒙特卡洛方法

蒙特卡洛抽样（Monte Carlo）源于美国在二战期间研制原子弹的"曼哈顿计划"的计算需求，John Von Neumann 用摩纳哥赌城 Monte Carlo 来命名这种随机生成样本的方法。它的基本思想是利用计算机生成服从指定分布的随机数，根据大数定律，对这些样本进行分析从而求解问题。利用大数定律，当样本数趋于无穷时，样本的均值、方差等会收敛到真实的均值、方差等，从而避免复杂的积分运算。如图 12.1 所示，随机变量 X 的概率分布为 $p(x)$，不断地从 $p(x)$ 中生成样本，当样本数趋于无穷时，函数 $f(x)$ 的期望值会非常接近于真实值，如式（12.3）所示。

$$\lim_{N\to\infty}\frac{1}{N}\sum_{i=1}^{N}f(x_i)=\sum_{x}f(x)p(x) \qquad (12.3)$$

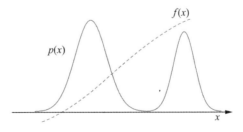

图 12.1　蒙特卡洛生成样本

图片来源：自绘

12.4 马尔可夫蒙特卡洛方法

采用蒙特卡洛方法生成随机样本,可以很好地避免积分的复杂运算。但当随机变量的概率分布 $p(x)$ 变得复杂,或者随机变量的分布为高维分布时,利用蒙特卡洛方法生成随机样本比较困难,因此需要采用更加复杂的随机生成样本方法。马尔可夫蒙特卡洛方法(Markov Chain Monte Carlo,MCMC)是其中一种较好的方法。

MCMC 是一种利用马尔可夫链进行随机模型的方法。MCMC 主要利用了马尔可夫链的遍历性,即当抽样次数足够大时,不论初始样本从哪里开始,遍历的马尔可夫链收敛到一个平稳分布。MCMC 的具体思想是:构造一个转移矩阵为 P 的马尔可夫链,使得该马尔可夫链的平稳分布是 $p(x)$;当从任何一个初始状态沿着马尔可夫链进行转移,序列收敛之后,就得到了满足概率分布 $p(x)$ 的样本。这种做法相当于从概率分布 $p(x)$ 中采样。因此,MCMC 方法就是构造一个遍历的马尔可夫链进行抽样,然后采用蒙特卡洛方法进行积分计算。

实现 MCMC 方法有很多种算法,其中用得最广泛的是 Metropolis-Hasting(MH)算法和 Gibbs 算法。由于 Gibbs 算法目前还不适用于 Logit 似然函数(Logit Likelihood)和有序概率似然函数(Ordered Porbit Likelihood),因此本研究中采用 MH 算法。MH 算法首次由 N. Metropolis 等[1],而后由 W. K. Hastings[2] 推广,推广后的先验分布可以为任何形式。令 $q(\cdot)$ 表示提议概率分布,$\boldsymbol{\theta}_0$ 表示初始值。以下的步骤用于形成马尔可夫链 $\boldsymbol{\theta}_t(t=0,1,\cdots,T)$。MH 算法生成马尔可夫链 $\boldsymbol{\theta}_t$ 的简要示意如图 12.2 所示。

步骤 1:选择提议概率分布 $q(\cdot)$ 和初始值 $\boldsymbol{\theta}_0$;

步骤 2:迭代过程,$t=1,2,\cdots,T$。

(1) 从 $q(\cdot|\boldsymbol{\theta}_{t-1})$ 中生成样本 $\boldsymbol{\theta}^*$,即 $\boldsymbol{\theta}^* \sim q(\cdot|\boldsymbol{\theta}_{t-1})$。

对于 Stata 14[3]的自适应随机游走的 MH 算法来说,样本$\boldsymbol{\theta}^*$更新的形式是:$\boldsymbol{\theta}^* = \boldsymbol{\theta}_{t-1} + \boldsymbol{\delta}_t$,其中$\boldsymbol{\delta}_t$服从均值为 0 的多元正态分布,其标准差由比例因子控制。

(2) 计算接受率$\alpha(\boldsymbol{\theta}^* \mid \boldsymbol{\theta}_{t-1})$,如式(12.4)所示。

$$\alpha(\boldsymbol{\theta}^* \mid \boldsymbol{\theta}_{t-1}) = \min\left\{1, \frac{p(\boldsymbol{\theta}^* \mid D)q(\boldsymbol{\theta}_{t-1} \mid \boldsymbol{\theta}^*)}{p(\boldsymbol{\theta}_{t-1} \mid D)q(\boldsymbol{\theta}^* \mid \boldsymbol{\theta}_{t-1})}\right\} \tag{12.4}$$

(3) 从均匀分布中生成随机数,即$u \sim U(0,1)$。

(4) 如果接受率$\alpha(\boldsymbol{\theta}^* \mid \boldsymbol{\theta}_{t-1}) < u$,接受转移并且令$\boldsymbol{\theta}_t = \boldsymbol{\theta}^*$;否则,$\boldsymbol{\theta}_t = \boldsymbol{\theta}_{t-1}$;

通过步骤 2 的迭代过程,建立了满足平稳分布的马尔可夫过程。

步骤 3:输出马尔可夫链$\boldsymbol{\theta}_t$($t = 0, 1, \cdots, T$)。

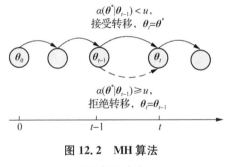

图 12.2 MH 算法

图片来源:自绘

随机模拟过程完成之后,马尔可夫链的收敛可以通过迹图(Trace Plot)和自相关图(Autocorrelation Plot)评价。为了提高模拟的效率,参数可以分成不同的块(Block)。Thinning 可以用于减少自相关性。在迭代的过程中,前期的序列项称为 Burn-in,它们是马尔可夫链的初始值至其达到平稳状态之前的一些序列项。在实际应用中,应该把 Burn-in 去除,以减少它对真实后验分布估计的准确性的影响。

12.5 结果与讨论

由于实际样本中只有四个状态值,根据前一时刻状态值的不同,将样本分成四组,即在 $t-1$ 时刻的状态值分别为 $y_i=4$, $y_i=3$, $y_i=2$ 和 $y_i=1$。分组之后,采用贝叶斯有序概率模型结合 MCMC 抽样方法分别估计四组模型的参数。模型中因变量是状态值,自变量为养护措施、交通量、环境等影响因素。

首先研究分析 $t-1$ 时刻 $y_i=4$ 状态下的转移矩阵。当 $t-1$ 时刻路面的状态值 $y_i=4$, t 时刻路面可能的状态值是 $y_i=4$ 或 $y_i=3$。这表明处于状态 4 的路面在下一时刻只可能停留在状态 4 或者向状态 3 衰变,而不会向状态 2 或者 1 衰变。因此,在该有序概率模型中只有一个切割点。

各变量的先验分布表 12.1 所示,MCMC 的抽样样本设置为 20 000,利用 block 将参数分开,提高收敛效率。最终得到的参数估计结果如表 12.1 所示。图 12.3 所示为采用 MCMC 抽样的先验和后验 PDF,从图中可以看出参数的不确定大大地降低了。同样,MCMC 的收敛性可以通过迹图和自相关图检验。图 12.4 是切割点 u_1 的参数的迹图和自相关图,图中稳定的迹图以及随迭代次数的增加迅速减小的自相关图均表明 MCMC 的收敛效果很好。

表 12.1 中参数估计值反映了解释变量对于转移概率的影响。将表 12.1 中参数估计的结果代入式(11.11)可以得到转移概率 p_{43} 和 p_{44} 的计算公式,分别如式(12.5)和式(12.6)所示。从式(12.5)可以看出,混合料为回收沥青的路面相比新沥青路面,从状态 4 转移到状态 3 的概率更大。随着沥青面层厚度的增加、铣刨深度的增加、年平均降雨量的增加以及结构系数的增大,路面从状态 4 转移到状态 3 的概率减小。反之,随着年冰冻指数的增加、交通量的增加以及路面运营时间的增长,路面从状态 4 转移到状态 3 的概率增大。这些解释变量对于路面衰变模型的影响与第 10 章中采用 MIMIC 模型分析这些解释变量对于路面性能的影响是一致的。

12 基于蒙特卡洛采样的路面性能转移概率矩阵求解

表 12.1 $t-1$ 时刻 $y_i=4$ 情况下 MCMC 抽样的参数估计结果

解释变量	先验分布	参数估计值	MCMC 标准差	95% 置信区间	
Mixture	$N(0,1)$	-0.281	0.007	-1.500	0.954
Thickness	$N(0,4)$	0.022	0.001	-0.047	0.092
Mill	$N(0,1)$	0.024	0.001	-0.049	-0.122
Precipitation	$N(0,1)$	0.397×10^{-2}	4.200×10^{-6}	7.440×10^{-5}	7.461×10^{-4}
Freeze	$N(0,1)$	-0.650×10^{-2}	5.900×10^{-6}	-0.001	0.000
SN	$U(0,1)$	0.052	0.001	0.002	0.161
kESAL	$N(0,1)$	-0.170×10^{-3}	4.00×10^{-6}	-0.590×10^{-2}	0.000
Age	$N(0,1)$	-0.090	0.001	-0.202	0.020
u_1	$N(-1,2)$	-0.350	0.016	-1.498	0.782

表格来源：自制

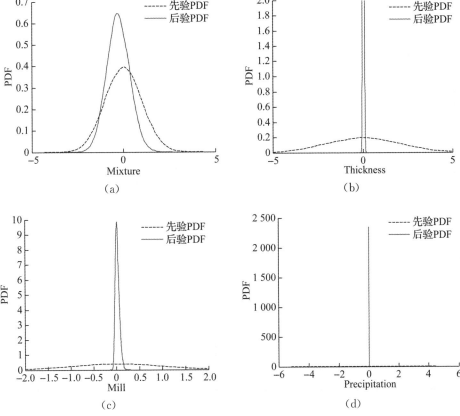

(a) (b) (c) (d)

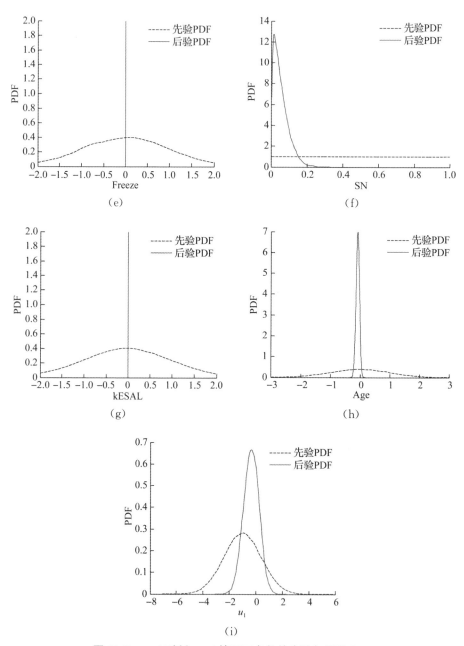

图 12.3 $t-1$ 时刻 $y_i=4$ 情况下参数的先验与后验 PDF

图片来源:自绘

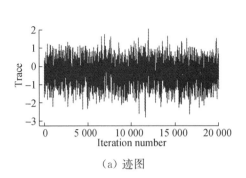

(a) 迹图

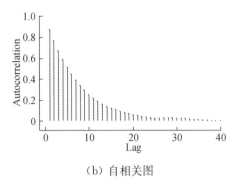

(b) 自相关图

图 12.4　切割点 u_1 的参数收敛检验

图片来源：自绘

采用相同的方法，可以获取 $t-1$ 时刻 $y_i=3$，$y_i=2$ 时的转移概率矩阵，如下式所示。当路面在 $t-1$ 时刻的初始状态 $y_i=1$ 时，其转移概率 $p_{11}=1$。

$$p_{43}=\Phi\begin{Bmatrix}-0.350-\text{Match(Mixture)}\begin{cases}0,\text{Mixture}=0\\-0.281,\text{Mxiture}=1\end{cases}-0.022\text{Thick}\\-0.024\text{Mill}-0.397\times10^{-2}\text{Precipitation}+0.650\times10^{-2}\text{Freeze}\\-0.052\text{SN}+0.170\times10^{-3}\text{kESAL}+0.090\text{Age}\end{Bmatrix}$$

(12.5)

$$p_{44}=1-p_{43} \tag{12.6}$$

$$p_{32}=\Phi\begin{Bmatrix}-1.241-\text{Match(Mixture)}\begin{cases}0,\text{Mixture}=0\\-0.185,\text{Mxiture}=1\end{cases}-0.034\text{Thick}\\-0.024\text{Mill}-1.624\times10^{-4}\text{Precipitation}-0.048\text{SN}\\+3.770\times10^{-5}\text{kESAL}+0.034\text{Age}\end{Bmatrix}$$

(12.7)

$$p_{33}=1-p_{32} \tag{12.8}$$

$$p_{21}=\Phi\begin{bmatrix}-1.500-0.087\text{Thick}-0.141\text{Mill}\\-2.366\times10^{-4}\text{Precipitation}+0.033\text{Age}\end{bmatrix} \tag{12.9}$$

$$p_{22}=1-p_{21} \tag{12.10}$$

将式(12.5)～式(12.10)代入转移概率矩阵,可得沥青路面 PSI 衰变模型的转移概率矩阵,如式(12.11)所示。

$$\boldsymbol{P} = \begin{pmatrix} 1-p_{43} & p_{43} & 0 & 0 \\ 0 & 1-p_{32} & p_{32} & 0 \\ 0 & 0 & 1-p_{21} & p_{21} \\ 0 & 0 & 0 & 1 \end{pmatrix} \quad (12.11)$$

参考文献

[1] METROPOLIS N, ROSENBLUTH A W, ROSENBLUTH M N, et al. Equation of State Calculations by Fast Computing Machines[J]. The Journal of Chemical Physics,1953,21(6):1087-1092.

[2] HASTINGS W K. Monte Carlo sampling methods using Markov chains and their applications[J]. Biometrika,1970,57(1):97-109.

[3] STATA CORPORATION. Stata user's guide: release 14[M]. College Station, TX: StataCorp LP, Stata Press,2015.

13 数据驱动的最佳预防性养护时机分析

13.1 养护效益和成本效益

路面性能数据分析不仅能够发现影响路面性能及养护效益的因素及规律,更能够直接指导养护决策,确定养护时机。本章首先通过研究道路养护后的性能模型及其影响因素,推导并提出在不同养护时机下的养护后性能模型的增量模型,再将增量模型用于养护效益或养护成本效益的动态计算中,采用优化方法得到最佳的养护时机,并根据历史性能数据直接计算出不同养护措施的最佳养护时机。

养护效益是进行养护时机分析的基础。养护效益评价包括短期效益和长期效益。短期效益指标常用于评价采取养护措施前后,路面性能提升或者衰变速率降低程度。长期效益指标用于评价在采取养护措施之后较长的时间内,路面性能提升或者使用寿命的延长等。因此,长期效益指标更适用于养护时机的优化。养护效益面积是其中一个长期效益指标。它是指性能曲线、阈值曲线和时间轴所围成的面积。由于效益面积可以同时反映性能提升和使用寿命的程度,因此效益面积是一个更加综合更可取的养护效益指标。

13.1.1 性能指标

最佳养护时机的确定,实际上就是确定最合适的路面性能指标值。根据其变化趋势,性能指标可以分为两类:上升指标,即随着时间的增长而增长的指标,如 IRI、裂缝、车辙等;下降指标,即随着时间的增长其值降低的指标,如 PSI、PCI、路面病害指标等[1]。如图 13.2(a)和(b)所示,一般对上升指标有一个上阈值,对下降指标有一个下阈值。

由于 IRI 记录全面并且性能模型的拟合效果较好,这里选用 IRI 这一上升性能指标以研究最佳养护时机。Hanna[2]将路面的状态分为好、中、差三个等级,并且指出当路面相对年轻,所处状态为好到中状态时,可以优化得到最佳的预防性养护时机。在进行养护时机分析时,还需要确定 IRI 的上下限,一般将 IRI 的上阈值设定为 2.63 m/km 以确保路面不处于差的状态,以得到可能的最佳养护时机。另外,当路面处于很好的状态时,没有必要采取养护措施。因此,IRI 的值还应大于 0.64 m/km。

13.1.2 长期养护效益面积

已有的研究表明路面养护前和养护后的性能曲线可以是直线模型、指数模型或者 S 形模型。如图 13.1,大多数路段的 IRI 变化曲线可以用直线拟合。为不失一般性,分别用 $f_1(t)$ 和 $f_2(t)$ 表示养护前和养护后的性能变化,其中 $f_1(t)$ 和 $f_2(t)$ 可以是任何形式的曲线。

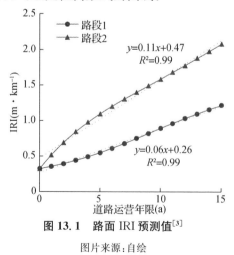

图 13.1 路面 IRI 预测值[3]

图片来源:自绘

图 13.2(a)和(b)分别是上升指标和下降指标的长期养护效益面积的示意图。在图 13.2 中,采取养护措施的运营时间设定为 0,采取养护措施前的时间是负数,采取养护措施后的时间是正数。b_1 表示养护前的状态,即养护前性能曲线在运营时间=0 时的值;b_2 表示采取养护措施后的状态,即养护后性能曲线在运营时间=0 时的值;$|b_1-b_2|$ 表示性能提升(Performance Jump,PJ)。k_1 表示养护前的衰变速率;k_2 表示养护后的衰变速率;$|k_1-k_2|$ 表示衰变速率降低程度(Deterioration Rate Reduction,DRR)。L_1 表示在不采取养护措施的前提下,养护前性能曲线达到上阈值(或下阈值)的时间;L_2 表示养护后性能曲线达到上阈值(或下阈值)的时间;Th 表示上阈值(或下阈值)。因此,图 13.2 中的阴影面积可以通过式(13.1)计算[3]。

$$\text{Area} = \text{Area}_{L_2} - \text{Area}_{L_1} \tag{13.1}$$

式中,Area_{L_2}——养护后性能曲线与上阈值(或下阈值)所围成的面积。

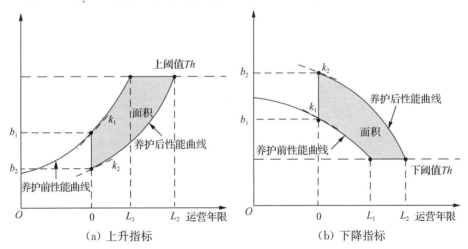

(a) 上升指标 (b) 下降指标

图 13.2　养护效益面积示意图[3]

图片来源:自绘

当性能指标是上升指标时,Area_{L_2} 可以通过式(13.2)计算;当性能指标是下降指标时,Area_{L_2} 是式(13.2)的负值。Area_{L_1} 是采取养护措施后(即 $t>0$),养护前性能曲线(或称 Do-nothing performance curve)与上阈值(或下阈值)所围成的面积。当性能指标是上升指标时,Area_{L_1} 可以通过式(13.3)计算;当性能指标是下降指标时,Area_{L_1} 是式(13.3)的负值。

$$\text{Area}_{L_2} = Th \times L_2 - \int_0^{L_2} f_2(t)\mathrm{d}t \tag{13.2}$$

$$\text{Area}_{L_1} = Th \times L_1 - \int_0^{L_1} f_1(t)\mathrm{d}t \tag{13.3}$$

本章采用 IRI 作为性能指标,为了简化问题,养护前后的性能曲线均采用直线模型。对于其他形式的性能模型,也可以根据式(13.2)和式(13.3)采用积分计算推导类似的养护效益面积计算公式。本研究中养护前后的性能曲线分别如式(13.4)和式(13.5)所示。

$$f_1(t) = k_1 t + b_1 \tag{13.4}$$

$$f_2(t) = k_2 t + b_2 \tag{13.5}$$

式中,k_1、b_1——分别是养护前性能曲线的斜率和截距;

k_2、b_2——分别是养护后性能曲线的斜率和截距。

分别考虑养护前状态 b_1 是否到达阈值,养护后状态 b_2 是否到达阈值,当 $t=t_0$ 时养护前性能曲线是否到达阈值,当 $t=t_0$ 时养护后性能曲线是否到达阈值这四种情况的组合,得到以下六种情况。最终,基于 IRI 直线性能曲线的养护效益面积的计算公式如式(13.6)~式(13.11)所示。

(1) 当 $b_1 \geqslant Th$,$b_2 < Th$ 且 $(k_2 t_0 + b_2) < Th$ 时,养护效益面积计算公式为式(13.6)。

$$\text{Area} = \frac{t_0}{2}(2Th - 2b_2 - k_2 t_0) \tag{13.6}$$

(2) 当 $b_1 \geqslant Th$,$b_2 < Th$ 且 $(k_2 t_0 + b_2) \geqslant Th$ 时,养护效益面积计算公式为式(13.7)。

$$\text{Area} = \frac{(Th - b_2)^2}{2 k_2} \tag{13.7}$$

(3) 当 $b_1 < Th$,$b_2 < Th$,$(k_1 t_0 + b_1) \geqslant Th$ 且 $(k_2 t_0 + b_2) < Th$ 时,养护效益面积计算公式为(13.8)。

$$\text{Area} = \frac{t_0}{2}(2Th - 2b_2 - k_2 t_0) - \frac{(Th - b_1)^2}{2k_1} \tag{13.8}$$

(4) 当 $b_1 < Th, b_2 < Th, (k_1 t_0 + b_1) \geqslant Th$ 且 $(k_2 t_0 + b_2) \geqslant Th$ 时,养护效益面积计算公式为(13.9)。

$$\text{Area} = \frac{(Th - b_2)^2}{2k_2} - \frac{(Th - b_1)^2}{2k_1} \tag{13.9}$$

(5) 当 $b_1 < Th, b_2 < Th, (k_1 t_0 + b_1) < Th$ 且 $(k_2 t_0 + b_2) < Th$,养护效益面积计算公式为(13.10)。

$$\text{Area} = \frac{t_0}{2}(2Th - 2b_2 - k_2 t_0) - \frac{t_0}{2}(2Th - 2b_1 - k_1 t_0) \tag{13.10}$$

(6) 当 $b_1 < Th, b_2 < Th, (k_1 t_0 + b_1) < Th$ 且 $(k_2 t_0 + b_2) \geqslant Th$ 时,养护效益面积计算公式为(13.11)。

$$\text{Area} = \frac{(Th - b_2)^2}{2k_2} - \frac{t_0}{2}(2Th - 2b_1 - k_1 t_0) \tag{13.11}$$

13.1.3　全寿命周期成本

总成本由机构成本(Agency Cost)和用户成本(User Cost)加权平均组成。其中,机构成本包括初始成本和全寿命期常规养护成本之和。用户成本包括因路面施工导致的排队延误以及绕道成本、机动车运行成本和交通事故成本等。由于目前尚缺乏交通事故数据、工作区延误数据等,因此本研究尚无法考虑用户成本。在将来的研究中,用户成本、燃料消耗以及环境影响均可以考虑到成本效益的分析中。

考虑到时间的价值和路面使用寿命期内的通货膨胀,因此通过式(13.12)将未来的成本转换到当前的价值[4-5]。

$$PW = C \times (1 + i_{dis})^{-n} \tag{13.12}$$

式中,PW(Present Worth)——成本的当前价值;

C——成本;

i_{dis}——贴现率(Discount Rate),可以通过式(13.13)计算;

n——实施预防性养护措施的时间。

$$i_{dis} = \left(\frac{1+i_{int}}{1+i_{inf}}\right) - 1 \tag{13.13}$$

式中，i_{int}——利率(Interest Rate)；

i_{inf}——膨胀率(Inflation Rate)。

在工程中，贴现率 i_{dis} 也可近似等于利率 i_{int} 减去膨胀率 i_{inf}。通常来说，贴现率 i_{dis} 的取值范围是3%到5%[4]。

为了比较有不同单位的成本值，将当前价值 PW 转换成等值年成本(Equivalent Uniform Annual Cost, EUAC)，通过式(13.14)计算。

$$\text{EUAC} = \text{PW} \times \left[\frac{i_{dis}(1+i_{dis})^t}{(1+i_{dis})^t - 1}\right] \tag{13.14}$$

式中，EUAC——等值年成本；

PW——通过式(13.12)计算的当前价值；

i_{dis}——通过式(13.13)计算的贴现率；

t——两个预防性养护措施之间路面的使用时间。

在本问题中，t 值等于预防性养护措施的平均使用寿命 t_0 或者养护后性能曲线到达上阈值的时间。13.1.2节中计算得到的养护效益面积与等值年成本 EUAC 之间的比值就是成本效益比。

13.2 养护后性能模型

13.2.1 养护前后性能模型关系

第4章的研究中已经发现在不同的时机采取养护措施，养护后的性能曲线是不同的。养护后性能曲线不仅与养护前性能曲线有关，而且与路面特性、交通量和环境因素均有关。采用多元回归方法分析养护后性能曲线的参数 k_2、b_2 与 k_1、b_1、$k_1 \times k_1$、$b_1 \times b_1$、$k_1 \times b_1$、养护类型、结构系数 SN、冰冻指数 Freeze、年平均降雨量 Precipitation、等效单轴轴载 kESAL 之间的潜在的关系，分别用式(13.15)和式(13.16)表示。

$$k_2 = f_3(k_1, b_1, k_1 \times k_1, b_1 \times b_1, k_1 \times b_1, \cdots) \tag{13.15}$$

13 数据驱动的最佳预防性养护时机分析

$$b_2 = f_4(k_1, b_1, k_1 \times k_1, b_1 \times b_1, k_1 \times b_1, \cdots) \tag{13.16}$$

在已有的研究中，Haider 发现在薄层罩面、稀浆封层、碎石封层和裂缝密封这四种预防性养护措施中，只有碎石封层和裂缝密封的养护前状态和养护后状态表现出强的相关性[6]。另外，这四种养护的养护前衰变速率和养护后衰变速率均没有显著的相关性。研究中发现预测的养护后模型的斜率和截距的拟合优度 R^2 值均小于 0.5，但是某些变量如养护前 PSI、年平均交通量（Annual Average Daily Traffic，AADT）、加铺层厚度和铣刨深度均显著[7]。

13.2.2 养护后性能模型的增量模型

如果模型的拟合优度 R^2 值不高，将会导致预测值变化范围大、预测结果不准确，因此不能直接用于预测。尽管 R^2 低，但显著的变量参数估计结果，即 P 值小于显著性水平 $\alpha = 0.05$，依然表示了自变量和因变量之间显著的真实关系。某一自变量显著的参数估计值表示了当该自变量变化一个单位而其他自变量保持不变时，因变量的平均变化值。对比在不同时机采取的同一种预防性养护措施，可以知道它们之间的差别是养护前状态 b_1 有所不同，而其他变量包括养护类型、结构系数 SN、冰冻指数 Freeze、年平均降雨量 Precipitation、等效单轴轴载 kESAL 均是相同的。因此，当已知了一组 k_1、b_1 和 k_2、b_2 之后，由于养护前状态 b_1 的改变导致养护后模型参数 k_2、b_2 的增量模型依然可以估计。

式(13.15)和式(13.16)分别表示了 k_2、b_2 的函数关系式，在此基础上，假定养护前状态 b_1 的变化值为 Δb，那么 k_2、b_2 相应的增量分别是式(13.17)和式(13.18)。

$$k_2' - k_2 = f_3(k_1, b_1 + \Delta b, k_1 \times k_1, (b_1 + \Delta b) \times (b_1 + \Delta b), k_1 \times (b_1 + \Delta b), \cdots)$$
$$- f_3(k_1, b_1, k_1 \times k_1, b_1 \times b_1, k_1 \times b_1, \cdots)$$
$$\tag{13.17}$$

$$b_2' - b_2 = f_4(k_1, b_1 + \Delta b, k_1 \times k_1, (b_1 + \Delta b) \times (b_1 + \Delta b), k_1 \times (b_1 + \Delta b), \cdots)$$
$$- f_4(k_1, b_1, k_1 \times k_1, b_1 \times b_1, k_1 \times b_1, \cdots)$$
$$\tag{13.18}$$

其中,当养护前的状态由 b_1 变成 $b_1'=b_1+\Delta b$,其斜率保持不变,即 $k_1'=k_1$;k_2' 和 b_2' 为当养护前状态为 b_1' 时的养护后斜率和截距。将 k_2'、b_2'、k_1' 和 b_1' 代入式(13.6)~式(13.11)即可得到当养护前状态为 b_1' 的养护效益面积。

13.3 优化的养护时机

如果不考虑全寿命周期成本,那么优化的目标是最大化养护效益面积。如果考虑全寿命周期成本,那么优化的目标是最大化成本效益比 E/C,它是养护效益面积与 EUAC 的比值。为了得到最大化的效益面积或者成本效益比,采用 Excel 里的 VBA 二次开发自动调用 Solver 求解器,优化每一个区段的养护时机。上述优化问题可以表述为式(13.19)~式(13.21)。

$$\text{Max:Area or } E/C = \frac{\text{Area}}{\text{EUAC}} \quad (13.19)$$

受约束于式(13.20)和式(13.21):

$$0.64 < b_1' \leqslant 2.63 \quad (13.20)$$

$$0 < b_2' \leqslant 1.46 \quad (13.21)$$

约束条件式(13.20)和式(13.21)的上下限的取值依据是表13.1。式(13.20)中的上限2.63表明路面不能太"差"(即 IRI≤2.63 m/km),这样才有可能获得优化的时机。式(13.20)的下限0.64表明如果路面处于很好的状态(即 IRI≥0.64 m/km),那么就没有必要采取预防性养护措施。式(13.21)表明采取养护措施后,路面应该至少处于"好"的状态。如果对于特定问题还有其他约束条件,也可将其加入到优化分析过程中。

13.4 结果与讨论

13.4.1 预防性养护类型

采用了路面长期性能数据库 LTPP 的 SPS-3 试验数据,主要目的是评价预防性养护措施的效果,分析了封缝、薄层罩面、碎石封层、稀浆封层和雾封层共五种预防性养护措施。其中,封缝(Crack seal)是密封裂缝,裂缝宽度仍然可能变化;而填缝(Crack fill)的目的是填充裂缝,裂缝处被完全填满。薄层罩面一般是加铺 0.5~1.0 in(1 in=2.54 cm)的沥青层,它可以提高行驶质量、减少路表病害、延长使用寿命等。碎石封层是指将碎石和乳化沥青同时铺撒在路面上,它可以修补小裂缝,通过自然行车碾压形成沥青碎石磨耗层。稀浆封层是将沥青、集料、水和添加剂形成的混合物铺撒在路面上形成薄层。雾封层是将液态沥青乳液铺撒在已有的路面上,其成本很低。

由于不同的预防性养护措施的施工过程和原材料不同,导致其成本和使用寿命不同。Moria 调查了 13 个州的公路机构,得到了不同养护类型的成本,结果如表 13.1 所示[8]。另外,根据 LTPP SPS-3 的养护记录,封缝、薄层罩面、碎石封层、稀浆封层和雾封层的平均使用寿命分别是 3.2 年、6.5 年、5.3 年、4.4 年和 3.7 年。这里如果当使用时间达到平均使用寿命 t_0 而性能曲线还未达到阈值时,例如采取碎石封层后的第 5.3 年路面的性能值还未到达阈值,那么式(13.2)和式(13.3)中计算养护效益面积的时间应该是从第 0 年到第 t_0 年,而不是从第 0 年到性能曲线到达阈值时。

表 13.1 不同预防性养护措施的成本[8]

编号	养护方法	成本($/m²)
1	封缝	0.487
2	薄层罩面	4.857
3	碎石封层	1.980
4	稀浆封层	2.691
5	雾封层	0.401

表格来源:自制

13.4.2 养护后性能模型

本章一共研究了 LTPP SPS-3 中 243 个采取了预防性养护措施的路段

的养护前性能曲线和养护后的性能曲线。首先,通过线性回归模型得到养护前性能曲线和养护后性能曲线的斜率和截距,然后采用多元回归模型得到养护前性能曲线的参数、养护类型、结构系数 SN、冰冻指数 Freeze、年平均降雨量 Precipitation、等效单轴轴载 kESAL 对于养护后性能曲线参数的影响。Dong[7]研究表明养护效益和初始斜率、截距之间存在非线性的关系。因此,本研究也研究了自变量的交叉项对于养护后性能曲线的影响。在这些自变量中,养护类型是类别变量,其他自变量是连续变量。通过对数转换将因变量 k_2 转换成 $\ln(k_2)$ 从而满足正态分布的假设,再采用逐步回归来筛选变量建立模型。最终结果是,在显著性水平 $\alpha=0.05$ 下,因变量 $\ln(k_2)$ 的显著或者边缘显著的自变量是 k_1、b_1 年平均降雨量 Precipitation 和结构系数 SN。因变量 b_2 的显著或者边缘显著的自变量是 k_1、b_1 结构系数 SN 以及交叉项包括 k_1^2、b_1^2、$k_1 b_1$ 和 b_1SN。$\ln(k_2)$ 和 b_2 多元回归的结果分别如图 13.3 和图 13.4 所示。从图中可以看出,不同的养护类型的系数有所不同。从 b_2 多元回归结果中养护类型的系数可以看出,采取不同的养护措施后,路面平整度的性能提升的效果从大到小的顺序为:薄层罩面＞碎石封层＞稀浆封层＞雾封层＞封缝。图 13.4 也表明养护后状态 b_2 与养护前状态 b_1、养护前斜率 k_1 之间的关系是非线性的。$\ln(k_2)$ 和 b_2 多元回归模型的 R^2 分别是 0.21 和 0.68。将图 13.3 和图 13.4 中的结果整理可以得到式(13.22)和式(13.23)。

Expanded Estimates
Nominal factors expanded to all levels

Term	Estimate	Std Error	t Ratio	Prob>|t|
Intercept	-2.615147	0.469775	-5.57	<0.0001*
k1	0.8171531	0.461212	1.77	0.0778
b1	0.4736967	0.170266	2.78	0.0058*
Maintenance type[1]	0.3469861	0.167922	2.07	0.0399*
Maintenance type[2]	1.2226227	0.32377	3.78	0.0002*
Maintenance type[3]	-0.375633	0.186202	-2.02	0.0448*
Maintenance type[4]	-1.271708	0.322162	-3.95	0.0001*
Maintenance type[5]	0.0777317	0.32114	0.24	0.8090
Precipitation	-0.0009	0.000255	-3.54	0.0005*
SN	-0.163115	0.056446	-2.89	0.0042*

(a) 参数估计结果

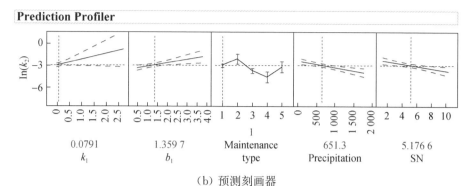

(b) 预测刻画器

图 13.3 $\ln(k_2)$ 多元回归结果[3]

Expanded Estimates				
Nominal factors expanded to all levels				
Term	Estimate	Std Error	t Ratio	Prob>|t|
Intercept	0.2580263	0.097576	2.64	0.0088*
k1	-0.991572	0.270571	-3.66	0.0003*
b1	0.8616176	0.049596	17.37	<-0.0001*
Maintenance type[1]	0.1367094	0.035326	3.87	0.0001*
Maintenance type[2]	-0.21311	0.070629	-3.02	0.0028*
Maintenance type[3]	-0.03217	0.040197	-0.80	0.4244
Maintenance type[4]	-0.007162	0.072031	-0.10	0.9209
Maintenance type[5]	0.1157327	0.068913	1.68	0.0944
SN	-0.031939	0.011859	-2.69	0.0076*
(b1-1.3597)*(b1-1.3597)	-0.21675	0.050325	-4.31	<-0.0001*
(k1-0.07907)*(k1-0.07907)	0.7375937	0.1924	3.83	0.0002*
(k1-0.07907)*(b1-1.3597)	-0.608627	0.335156	-1.82	0.0707
(b1-1.3597)*(SN-5.17657)	-0.06008	0.0201	-2.99	0.0031*

(a) 参数估计结果

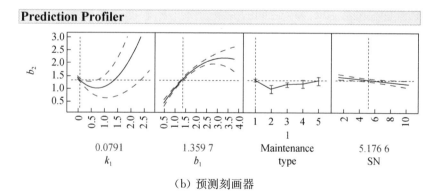

(b) 预测刻画器

图 13.4 b_2 多元回归结果[3]

图片来源：自绘

$$\ln(k_2) = 0.817k_1 + 0.474b_1 - 0.001\text{Precipitation} - 0.163\text{SN} - 2.615 +$$

$$\text{Match}(养护方法) \begin{cases} 0.347, 养护方法编号=1 \\ 1.223, 养护方法编号=2 \\ -0.375, 养护方法编号=3 \\ -1.272, 养护方法编号=4 \\ 0.078, 养护方法编号=5 \end{cases}$$

(13.22)

$$b_2 = 0.738k_1^2 - 0.217b_1^2 - 0.609k_1b_1 - 0.060b_1\text{SN} - 0.281k_1 + 1.810b_1 +$$

$$0.050\text{SN} - 0.626 + \text{Match}(养护方法) \begin{cases} 0.137, 养护方法编号=1 \\ -0.213, 养护方法编号=2 \\ -0.032, 养护方法编号=3 \\ -0.007, 养护方法编号=4 \\ 0.116, 养护方法编号=5 \end{cases}$$

(13.23)

13.4.3 动态长期养护效益

式(13.22)和式(13.23)表示了养护后性能模型的参数 $\ln(k_2)$ 和 b_2 与养护前性能模型参数 k_1 和 b_1 之间的关系。由于 R^2 较低，它们无法直接用于预测 $\ln(k_2)$ 和 b_2。尽管如此，但是当已知了一组 k_1、b_1、k_2 和 b_2 后，可以将其和其他自变量代入式(13.17)和式(13.18)，然后得到由于养护前状态 b_1 的改变导致的 k_2 和 b_2 的增量模型，如式(13.24)和式(13.25)所示。

$$k_2' - k_2 = k_2(e^{0.474\Delta b} - 1) \quad (13.24)$$

$$b_2' - b_2 = -0.217\Delta b^2 - 0.434 b_1 \Delta b + (1.810 - 0.609k_1 - 0.060\text{SN})\Delta b$$

(13.25)

对于一个具体的路段来说，当养护前状态由 b_1 变成 $b_1' = b_1 + \Delta b$ 时，养护前性能曲线的斜率 k_1' 保持为 k_1，养护后的斜率 k_2' 和截距 b_2' 则分别由式(13.24)和式(13.25)计算。将新的 k_1'、b_1'、k_2'、b_2' 代入式(13.6)～式

(13.11)可以计算新的养护效益面积。当养护前状态b_1不断变化时,计算得到的养护效益面积也是动态变化的。值得注意的是式(13.24)和式(13.25)分别是k_2'与k_2之间、b_2'与b_2之间的增量值,因此养护类型这一因素的系数相减之后为零。但是式(13.22)和式(13.23)在计算$\ln(k_2)$和b_2已经考虑了养护类型的影响。因此,式(13.24)和式(13.25)也已经反映了养护类型的影响。

13.4.4 优化的养护时机

根据上述结果,针对每一个路段,可以得到相应的最佳的养护时机,即当IRI值达到某值时,采取养护措施,能够得到最大的养护效益面积或者最大的成本效益比。归纳总结所有样本路段的养护时机,可以得到以下三种类型。从样本路段中选取三个路段,以说明这三种不同的养护时机类型,如图13.5所示。图13.6所示是这三个路段养护前后的性能曲线。

(1) 最佳养护时机的IRI值在0.64m/km至2.63m/km之间

图13.5(a)是某一路段的养护效益面积和成本效益比随养护前状态变化的曲线。该路段采取的预防性养护措施是薄层罩面,养护前后的性能曲线如图13.6(a)所示。从图13.5(a)可以看出,最大的养护效益面积和成本效益比对应的养护时机IRI值都是位于0.64 m/km至2.63 m/km之间,具体情况是:当初始IRI值等于1.87 m/km时采取养护措施,可以得到最大的养护效益面积;当初始IRI值等于2.32 m/km时采取养护措施,可以得到最大的成本效益比。这种情况对于预防性养护措施是常见的。养护效益面积和成本效益比的整体变化趋势是:随着IRI值的增加而逐渐变大,而后达到峰值,然后逐渐减小。

(2) 最佳养护时机的IRI值是0.64 m/km

如图13.5(b)所示是另一路段的养护效益面积和成本效益比随养护前状态变化曲线。该路段采取的预防性养护措施是稀浆封层。从图13.5(b)中可以看出当IRI值等于0.64 m/km时采取养护措施,能够得到最大的养护效益面积和成本效益比。该路段对应的养护前后性能曲线如图13.6(b)所示。从图13.6(b)中可以看出,该类型的路段的衰变速率很快,因此越早采取预防性养护措施,其养护效益越好。

(3) 最佳养护时机的 IRI 值是 2.63 m/km

如图 13.5(c)所示是另一路段的养护效益面积和成本效益比随养护前状态变化曲线。该路段采取的预防性养护措施是碎石封层。从图 13.5(c)中可以看出当 IRI 值等于 2.48 m/km(接近 2.63 m/km)时采取养护措施,能够得到最大的养护效益面积;当 IRI 值等于 2.63 m/km 时采取养护措施,能够得到最大的成本效益比。该路段对应的养护前后性能曲线如图 13.6(c)所示。从图 13.6(c)中可以看出该类型的路段所处状态相对较好,并且衰变速率低,因此越晚采取养护措施,其养护效益越好。

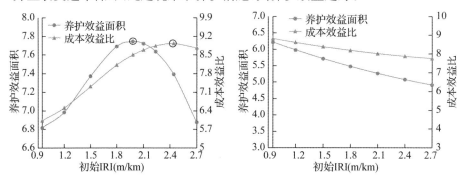

(a) 最佳养护时机的 IRI 值在 0.64 m/km 至 2.63 m/km 之间   (b) 最佳养护时机的 IRI 值是 0.64 m/km

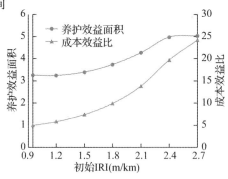

(c) 最佳养护时机的 IRI 值是 2.63 m/km

图 13.5 三种不同的最佳养护时机类型[3]

图片来源:自绘

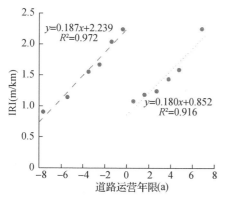

(a) 最佳养护时机的 IRI 值在 0.64 m/km 至 2.63 m/km 之间

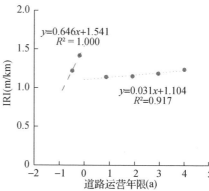

(b) 最佳养护时机的 IRI 值是 0.64 m/km

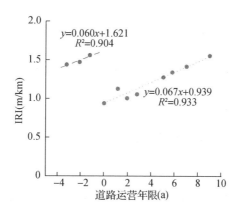

(c) 最佳养护时机的 IRI 值是 2.63 m/km

图 13.6 三个路段养护前和养护后的性能曲线[3]

图片来源：自绘

分别得到 243 个样本路段的最佳养护时机 IRI 值之后，可以统计得到不同预防性养护措施的最佳养护时机平均值和标准差，如图 13.7 所示。从中可以看出，薄层罩面、碎石封层和稀浆封层的平均最佳 IRI 值均大于封缝和雾封层，这表明薄层罩面、碎石封层和稀浆封层的最佳养护时机要晚于封缝和雾封层。这是由于薄层罩面、碎石分成和稀浆封层对于路面平整度的改善明显优于封缝和雾封层,因此晚些采取这三种养护措施能得到最大的养护效益面积或者成本效益比。封缝和雾封层的平均最佳养护时机接近,二者对于路面平整度的改善甚微,因此早些采取养护措施更好。

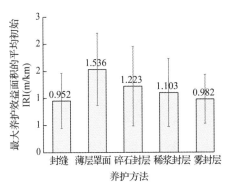
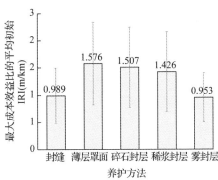

(a) 最大化养护效益面积对应的平均最佳养护时机

(b) 最大化成本效益比对应的最佳养护时机

图 13.7　不同预防性养护的平均最佳养护时机[3]

图片来源:自绘

13.4.5　全寿命周期成本的影响

计算全寿命周期成本时,折现率 i_{dis} 的取值为 4%。值得注意的是,当折现率 i_{dis} 变化时,式(13.12)中的当前价值 PW 和式(13.14)中的等值年成本 EUAC 会相应地变化。例如,当 i_{dis} 由 4% 增至 5%,而式(13.12)中实施预防性养护措施的时间 n 不变时,当前价值 PW 会降低;式(13.14)中的参数 $\frac{i_{dis}(1+i_{dis})^t}{(1+i_{dis})^t-1}$ 会增大,因为其一阶导数大于 0。等值年成本 EUAC 是否降低取决于 PW 降低的幅度是否大于 $\frac{i_{dis}(1+i_{dis})^t}{(1+i_{dis})^t-1}$ 增加的幅度。对于考虑了等值年成本 EUAC 的优化过程来说,当折现率 i_{dis} 变化时,优化的养护时机可能保持不变、增大或者减小。比较分析了当折现率 i_{dis} 增至 5% 和降至 3% 这两种情况。结果表明,大部分路段的最佳养护时机保持不变,仅有少数路段

(少于10个路段)的最佳养护时机增大或者减小了。最佳的养护时机依然可以分成图13.5中三类结果。得到类似图13.7的五种预防性养护的平均最佳养护时机值,结果与图13.7相差甚小。薄层罩面、碎石封层和稀浆封层的平均最佳IRI值依然大于封缝和雾封层。

13.4.6 小结

如果从实际数据中获取大量不同养护时机时的养护后性能曲线,可以方便的建立养护措施性能模型库。当模型的拟合优度较低,无法直接用于预测时,就可以采用养护后性能曲线斜率 k_2 和截距 b_2 的增量模型,得到了当养护前状态改变时,养护后性能曲线的斜率 k_2 和截距 b_2 变化量。将增量模型纳入养护效益面积的计算中,计算动态的养护效益面积或成本效益比,最后得到当养护效益面积或者成本效益比最大时的养护前状态,即路段的最佳养护时机。分析结果表明共有三类最佳养护时机:一是养护效益面积或成本效益比随时间先增大,达到峰值,后下降;二是当衰变速率很快时,养护效益面积或成本效益比随时间降低;三是当路面所处状态较好并且衰变速率慢时,养护效益面积或成本效益比随时间增加。

参考文献

[1] KHURSHID M, IRFAN M, LABI S. Optimal Performance Threshold Determination for Highway Asset Interventions: Analytical Framework and Application [J]. Journal of Transportation Engineering, 2011, 137(2):128-139.

[2] HANNA A N, TAYABJI S D, MILLER J S. SHRP-LTPP specific pavement studies: Five—year report[M]. Washington D. C.:Federal Highway Administration, 1994.

[3] CHEN X, ZHU H, DONG Q, et al. Optimal Thresholds for Pavement

Preventive Maintenance Treatments Using LTPP Data[J]. Journal of Transportation Engineering Part A: Systems, 2017, 143(6):04017018.

[4] DEMOS G P. Life Cycle Cost Analysis and Discount Rate on Pavements for the Colorado Department of Transportation [R]. Transportation Research Board, 2006.

[5] PESHKIN D G, HOERNER T E, ZIMMERMAN K A. Optimal timing of pavement preventive maintenance treatment applications[R]. Transportation Research Board, 2004.

[6] HAIDER S, DWAIKAT M. Estimating Optimum Timing for Preventive Maintenance Treatment to Mitigate Pavement Roughness [J]. Transportation Research Record, 2011(2235):43-53.

[7] DONG Q, HUANG B. Evaluation of Effectiveness and Cost-Effectiveness of Asphalt Pavement Rehabilitations Utilizing LTPP Data[J]. Journal of Transportation Engineering, 2012, 138(6):681-689.

[8] MORIAN D A. Cost Benefit Analysis of Including Microsurfacing in Pavement Treatment Strategies & Cycle Maintenance [R]. Pennsylvania. Dept. of Transportation, 2011.

后 记

本书介绍了针对公路路面性能数据的研究分析，主要包括路面性能检测评价、养护效益评估挖掘及养护策略分析优化三个方面的内容。数据分析的目的是发现问题，总结规律。因此路面性能数据分析应紧密结合工程实践，根据路面设计、施工、管理、养护的实际需求开展，明确数据分析的目的，构建数据分析问题场景，选择合适的数据分析方法，提取有用的结论，进行正确的决策。

根据我国交通强国的建设目标与智能化交通基础设施的发展战略，对公路基础设施的智能感知与预警运维将是道路工程专业研究与发展的重点。近年来，随着微传感、物联网、云计算、大数据及人工智能等技术的不断发展，国内外学者提出智慧公路的概念，并对公路性能状态的智能感知与分析进行了前瞻性研究。在公路基础设施数字化与信息化的基础上，数据分析则是实现智慧公路中智能化的关键手段之一。

随着未来路面性能及交通量、环境等数据的不断积累，新型路面检测技术及监测传感技术的不断出现，路面性能数据会更加丰富；而随着路面养护的不断开展、新型养护材料的不断应用，路面性能的变化也会更加复杂。这些发展趋势既给路面性能数据分析提供了更多的信息，又提出了更高的挑战。其中，对问题场景的构建，对高效方法的应用，是进行数据分析，挖掘潜在信息，优化管理策略，提升公路智能化水平的关键。本书中采用的方法只是数据科学的冰山一角，更多的数据解决方案，有待工程与研究人员不断探索发掘。